感谢求学生涯中安静读书的日子，
它们最终都将融入你未来的轨迹。

作为学生代表参加中国驻美大使馆的春节庆祝，
感受到祖国的爱，和归属感。

当努力变得很艰难时，外出运动，让大自然和汗水，带给你新的能量。

仰望，不用为了眼泪倒流，只是高处的宽广，让我更有信心扫除低处的尘埃。

阳光、草地、空气，沉浸在校园的气息之中，与书为伴，可以知快乐。

逆风奔跑

留学是一场与自己的较量

童小蕊 / 著

中国铁道出版社

CHINA RAILWAY PUBLISHING HOUSE

图书在版编目（CIP）数据

逆风奔跑 / 童小蕊著 . —北京：中国铁道出版社，
2018.7

ISBN 978-7-113-24454-5

Ⅰ . ①逆… Ⅱ . ①童… Ⅲ . ①留学教育－世界 Ⅳ .
① G649.1

中国版本图书馆 CIP 数据核字（2018）第 089914 号

书　　名：**逆风奔跑**
作　　者：童小蕊　著

策　　划：巨　凤　　　　　　读者热线电话：010-63560056
责任编辑：苏　茜　　　　　　封面设计：仙境
责任印制：赵星辰

出版发行：中国铁道出版社（100054，北京市西城区右安门西街 8 号）
印　　刷：三河市兴达印务有限公司
版　　次：2018 年 7 月第 1 版　　2018 年 7 月第 1 次印刷
开　　本：880mm×1230mm　1/32　插页：2　印张：8.375　字数：164 千
书　　号：ISBN 978-7-113-24454-5
定　　价：45.00 元

序言：创作自己生命的故事

"阶层固化"了，个人奋斗能走多远？

"别人家的孩子"，是怎么成长起来的？

《逆风奔跑》是一个中国普通家庭的孩子实现梦想的故事，是一个年轻人凭借才智和努力创造自己命运的历程，是一个有关教育和个人成长的真实而成功的范本。

阅读童小蕊的故事，字里行间看到的是一种独立奋斗的精神。成功者们往往有一个共同的特点，那就是不怨天由人、不拼爹拼妈、不坐等天时地利人和，而是有主动承担和创造自己命运的态度，并且为此不屈不挠地努力。这样的人，不是坐等机会，而是为自己创造机会，将愿景化为现实。小蕊用生动的故事，证明了这一点。

除了心劲儿之外，能力结构也很重要。小蕊之所以能在事业和生活上一路高歌进取，不仅在于她有科技领域的专长，还来自于她的英语和写作能力，以及她的情商、人际能力、执行能力等综合素质。所以在追求成功的路上，我们应尽量为自己搭建一个"T"形的知识和能力架构，既在专业领域有深入的突破，也有跨领域的综合素质。

这本书对家庭教育也有诸多启发。二十多岁的小蕊，拥有高学历、好职业和幸福生活，满足了大多数父母对子女的期待。小蕊的妈妈显然在教育上做对了很多事，比如妈妈本身就很有志气，给女儿做出了自强的榜样；通过一起修水管等行动，给了孩子珍贵的陪伴和教导；此外，还做到了因材施教，比如让小蕊跳级；给孩子提出高要求，比如小蕊的作文满分，"是妈妈创造了标准"；但是，这种高标准不是跟别人去攀比，而是让孩子不断地进步，成长为最好的自己。所以说，孩子的成功和幸福不是偶然的，每一个父母，都是孩子心智模式的早期的塑造者。

　　作为有相似背景和奋斗历程的人，我对小蕊书中写到的很多场景和体验都颇有共鸣。只是人到中年后，青春时期的那股心劲儿正日趋淡化，所以小蕊的书对我也是一种激励。因此，我愿意将这本优秀的留学生原创著作，推荐给所有正在奋斗的年轻人、不愿懈怠的中年人，以及希望培养出优秀孩子的父母们。

　　积极心理学学者、儿童青少年教育和个人成长专家，安妮育心学院创始人，哈佛大学心理学硕士，清华－伯克利联合培养心理学博士

安妮（Annie Liu）

前言
PREFACE

我出生在一个重男轻女的家庭，但我很幸运，遇见我的妈妈。

妈妈从小到大都在家乡生活，但在精神上，她是一个开拓者。面对生活的挫折，她永远选择倔强不低头。

三岁时父母离婚，妈妈毫不犹豫地选择了我，并且坚决地选择让我做她唯一的孩子，因为她当了一辈子长姐，充分感受了作为女孩和老大双重爱的缺失，决心在我身上改变这个局面。

爸妈分开后，家里连椅子都没有，我坐在洗衣板上吃饭的情形，妈妈说她一辈子都不会忘。她靠着当时每月90块钱的工资，给了我她能提供的最好的生活。在离婚女性毫无优势的小城文化中，当年27岁的妈妈，通过自己的努力，做好了她此生最看重的事：独自养大三岁的女儿，培养成一个优秀的人。

幼儿园最后一年，因为费用上涨负担不起，我提前进入小学。妈妈没想到我第一次考试就得到了全班第三的好成绩，至此奠定了她对我教育上的高标准。我从来没有力争第一的心态，因为妈妈很少拿我的成绩和别人去比较。还记得她亲自带我修理卫生间下水道，为我写作文创造题材，"我学会了修下水道"这篇作文，获得了满分。作文之前从来没有满分一说，是妈妈创造了标准。也是她根据我的学习状态，培养我提前学完小学课程，跳级去考初中。因此我没有争第一的压力，但一直保持着上进的心劲。跟特定的人比较，其实是一种限制。做更好的自己，才能营造更大的成长空间。

成长的感觉，大多数时候并不舒适，但它让你热血沸腾。

20岁，我第一次离开祖国，去美国攻读机械工程专业的硕士学位。经历了重重考验，我赢得了在由国家科学基金会设立的企业／高校合作研究中心的研究助理的工作。有过晚上只睡两小时仍能量满满地起床做项目，为了达到合作企业的要求凌晨四点去学校调试程序，工作到深夜再一口气跑过常有抢劫发生的危险地带回家。许多个这样的时刻，根本来不及思量自己的处境是否美好或悲惨，更多地，是因为目标如火焰般燃烧在心，享受着奋斗流汗的感觉。因为我知道：越努力，越幸运。

这是一个关注成长的时代。

只身漂流到一个陌生的国家、城市，可能遇到的困难会非常多，但对我们而言，却是成长最快的阶段。

生命赋予人类的时间有限，在还没有成家立业之前，纯属于个人的成长时间，总量就那么多。我想以最快的方式成长，于是选择了留学。

在美国这个原本陌生的国家，我争取过以前从未想过的机会，逼迫自己做过舒适区以外的事情，遇见过本不可能结识的朋友，遭遇过本可以避免的灾难。有些经历，假若注定要有，我情愿只来一次；有些经历，我却希望在生命中能重复许多次，因为美好的感觉每次都会不同。

见过了不同的视角之后，我的世界观在这个过程中潜移默化地拓宽着。我的成长，也在短短几年加速了。

大学时去长沙一家知名企业面试，那时的我，穿着卡通衣服，对最基本的商业礼仪也不懂，面试直接打烊。然而大学毕业不到一年，确立目标并为之努力后，在人生地不熟的陌生国家，我用自己的专业和想法征服了世界五百强企业的面试官。以前的我，面对大学同学在思修课上分享幻灯片都会紧张到双腿打颤。两年后，说着另一门语言，面对几十家企业高管报告课题成果，我感觉发挥得淋漓尽致，收到的反馈表一致好评。

这是一个可以实现梦想的时代。

许多时候，我们过度强调了资源的重要性。欲达目标，等不到天时、地利、人和，没有人力、物力、财力备齐，就真的无法前进么？太多时候，我们忽视了努力的重要性。所有缺乏的资源，很大一部分，都可以通过努力争取或创造。

关键在于，你的目标是否足够真诚和炙热。

赴美国留学毕业后再回家，偶然听到一位已经参加工作的年轻人向我感慨："我当年也是能留学的，可惜家里没钱。"

我也曾不止一次在网络上看到类似提问："我想留学，可是家庭条件一般，可以？"

在我亲身经历过后，见证了身边努力着用教育提升自我的留学青年后，我更加肯定地想跟大家说——只要你想，没什么不可以。

资源最初的分配并不均衡，这只决定了你在实现目标的路上要遇到多少困难和阻力，但没有什么能把未来的路封死。这个世界，依然有人在用极少的资源实现极大的目标。

每个留学生背后都有自己的故事。我敬佩每一个努力在任何土壤里打拼的个体，但不得不尤其敬佩那些因为家庭、出身受限，却同样甚至更加优秀的人们。他们甚至是来自于贫困的农村，上有老人下有弟妹，身无分文地留学。在地球的一端一个月看10本专业书的时候，他们的家人，或在另一端汗洒田地，或在城市的夹缝中打工求生存。他们中有人用教育改变了自己的命运，走完留学旅程后，收获了曾经想也不敢想的资源。我们行进在不同的空间轨迹，但在各自和生活较劲的路上，或多或少，都有过一样的委屈、感慨和倔强。我想以本书，分享这些奋斗的心得，传递目标可以实现的信心。

最后，感谢父母给我生命。感恩妈妈，给我创造了善良和积极的环境，弥足珍贵。感谢我的外公外婆，从小到大给我无上的宠爱。

外公于2015年逝世，但我未来成长的每一步，都将铭记他无条件的爱。感恩遇到的所有好老师，他们所做的每件积极的事情，都滋养着学生的未来。

感谢书中出现的每一个人，他们都是真实的存在，有的路过我的生命，有的留下浓墨重彩的记忆。感谢我不可替代的朋友雨和月，感谢我的导师——教授学生如何提升自身价值的E教授，感谢bmp（大学的男友，现在的老公）的鼓励和陪伴。感谢我的编辑Sophie，在茫茫人海中找到我，和我一起努力，让这本书为读者带来更大价值。感谢封面署名的所有推荐人对这本书的认可和支持，感谢安妮老师为书作序。

无论你想要做什么，希望这本书，能让你感受到自己梦想的力量、温暖和价值。即使孤独，即使挫折，在这条追梦的路上，哪怕有一小点光亮，都能带你成长为自己想要的样子。

CONTENTS |目录|

第一章

想走出去看一看

赴美留学，穿越的不仅是大洋上空10多个小时的飞行距离。离开了成长地的依赖、你穿越的，还有那些无法用距离衡量的，心灵、人格和精神上的成长。

<u>NO.01</u>
白手起家话留学

● **后知后觉**

有这样一个理念：如果你知道自己 N 年后要达到一个目标，那么从那个时间往回倒推，便可以有效地计划今天、明天、今年、明年，直至 N 年以后的每个时间点，你该做什么，以达成心中那个闪闪发光的目标。

如果这个理念早些印在我的心上，也许我的留学路就会不一样了。然而，无论是少不更事，或者散漫随心也好，我并没有这样做过规划。相反，那时的我，只是模糊地知道自己某个阶段想做的事情，然后努力去达成那个阶段的小目标。就像是一段说走就走的旅行，不知道最终的终点，甚至不知道沿途会有哪些大景点，但心里清楚下一站，并用心地体会这沿途每一段的收获，随意之中自有惊喜。所以，我喜欢乔布斯的说法：你在做有些事情的时候，并不知道未来会给你带来什么。但是，当你到达未来一个重要的点，再去回首，之前的每一站都是有意义的。这些节点相互联结，你才能走到那个重要的点。

留学不是我上大学就规划好的事情。尽管报志愿时选了985、211高校，妈妈觉得也许对未来出国读研有帮助，但我对此毫无概念，也一直没明白985高校这个头衔对出国会有什么帮助。之前虽听说过学长学姐有出国留学的，但对于学校有哪些政策和途径可以支持学生留学，并没有刻意去打听。

直到班上有同学开始提出报考GRE和托福的计划，我才知道这两样都是留学必备的英语考试。既然自己的英语底子还可以，就抱着试试看的心态，在提高英语的同时挑战一下GRE。于是我和大学时的男朋友bmp一起报了新东方的暑期培训班，开始接触GRE。bmp说他向往美国，我猜想大概是因为他欣赏这个国家的精神理念和国际地位，想要师夷长技以制夷。我说我想去澳大利亚，之前有听朋友说那边户外烧烤很赞——因为我爱吃肉。在新东方的培训班里，从老师们口中，从身边同学的讨论中，我真正接触到了留学的概念，培训班的老师们几乎每个人都有过留学申请的经历，班里的同学十有八九也都是奔着留学去的。第一次小组讨论，我邻座的女同学就告诉我她想去美国学牙医。托福班上有个读高中的小女孩，回答问题时告诉大家她的目标是去斯坦福大学。

记得大学英文课本记录过一个智力有些障碍的意大利人的故事：他来到美国，固执地给作家剪了草坪，尽管作家并不需要。当他固执地剪了许多次后，作家有些被他触动，便开始付他酬劳。就是这个傻傻的意大利人，告诉作家他想开一个农场。善良的作家并没有嘲笑他的梦想，但心底明白这个意大利人靠自己大概也开不了农场，那可不是一件容易的事情。后来，意大利人某天消失了，作家也渐渐淡忘了他。直到过了几年，他回来了。还是在作家家，他重复着那句他对作家说过很多次的话："我剪了您的草坪。"与他重逢，也算是好友一场，作者既困惑又开心。这么多年，这个傻傻的只在他家剪过草坪的意大利人，去了哪里，做了什么呢。没等作家开口问，意大利人告诉他："我现在拥有一个农场。"意大利人实现了他的梦想，没人知道他经历了什么才能到达，但他的故事，击中了作家心中对梦想存留的那片天地，也击中了我心中某个柔软的地方。

我开始真正萌生了一个想法：我是不是该认真考虑留学这件事情呢？

这个念头萌生以后，我将其定为一个模糊的目标。美国作为教育大国，是留学最火热的地方，而且bmp想去那里，而我为了吃户外烧烤去澳大利亚的理由似乎说服力较弱，也便随了这个大潮流。我想，祖国之外，那大概是另一片一切皆有可能的神奇土地吧。留学，去美国体验下吧。

● 从0开始规划留学

留学这件事，我也算是从零开始接触。最初，我浪费了一些时间研究这个或者那个留学机构，担心会不会受骗，哪个中介业务会更好。看了许多帖子之后，决定自己DIY留学（不通过中介，只靠自己申请学校）。除了不太信任中介机构外，还有一个原因就是中介。中介费用太贵，至少也要上万，我更愿意省下这笔钱。或许我能完成得更好也说不定。现在回过头来想，DIY 申请留学，可以很好地锻炼自己的独立能力。

> 在摸索了一段时间后，发现其实方法很简单，只要登录目标学校网站，找到相关学院的申请要求即可。从本科成绩、语言要求、待提交材料到奖学金申请资格等，最官方最权威的信息都列在那儿，自己去看就是了。另外，从网上论坛的留学案例中，也能自己分析出申请成功概率需要的条件：比如写出更打动人的 Personal Statement（个人陈述／文书），强化自己的研究能力，参加课外活动突出全方位的能力等等。

对于我而言，参加课外活动倒不是很难。大学期间当过团支书组织过活动，在学院的新闻中心做过事，当过学校一个杂志社的社长，参加全国数学建模大赛和大学生挑战杯专业竞赛取得过不错的成绩，课外活动这方面不算单调，只需要利用这些经历突出一个丰富多彩的自己。

作为本科生，对于做研究毫无概念。但是，为了留学，硬着头皮也得上，而那时我已经大三了。于是，我开始寻找土壤。我选了系里去耶鲁大学交流过的 W 教授，给他写了一封邮件吐露自己想留学的心愿，希望有机会能加入他的实验室做点事情。

发送出去的同时，自己内心也非常忐忑，毕竟从来没有给任何一位老师发过私人信件。W教授很快便友好地回信了，他鼓励了我的梦想，并且爽快地答应我可以去他的实验室学习。后来，我跟着W教授的一位研究生加入他的项目。当时我会的不多，第一次接触专业项目，更多的是在了解项目的具体内容，查阅相关论文，解决教授布置的小问题，尝试自己去发掘值得探究的问题，参加他们的组会，慢慢了解如何去做研究。大三那年，我除了上课的时间便和研究生一样每天去实验室，假期时间也没有松懈。

当时离申请只有不到一年的时间，我非常希望能在毕业前发表一篇专业论文（本科生能发表专业论文的不多），若是加上这条在简历中，竞争力会提高许多。可是，阴差阳错，我当时的课题，在我入组前刚出过一篇论文，W教授暂时没有让我们写论文的意向，我的想法也落空了。

现在想来，当时的我如果胆子再大一些，考虑再周全一些，就更好了。

只要你想要的合理，只要你愿意为之付出努力，承认自己想要，想尽办法去咨询、发掘，为自己的欲望发声，这是想成事的人必须做的。但这个道理，我到了美国之后，才学会。

NO.02
选专业：眼前的现实，
还是模糊的梦想

● 最初，我输给了自己的倔强

现在回过头想，一个人想知道自己喜欢学什么做什么，其实并非难事，从小到大有许多事可供发掘。高中时期，这些事情于我更加明显：我爱上了文学阅读、写作和外语。但面临大学选专业报志愿时，我并没有意识到，要把爱好和专业结合起来，才是未来走得快乐长久的做法。相反，冲着家乡坊间流传的女孩子学不好数理化之类的传言，我倔强地选了一所以理工科著称的综合性大学和一个叫"机械设计制造及其自动化"的专业，充满了浓郁的数理化气息。那时我并不认同扬长避短的道理，一心想把所谓短板补足，想要对抗坊间传言。所以，尽管我对工科并非真爱，还是这样倔强选择了。16岁的年纪，还没来得及意识到选择的重要性，就悄无声息地和梦想专业擦肩而过了。

那个时候，我的目标就是做个优秀的人。这大概是我从小所受的传统式教育的影响。还记得大一的时候，竞选军训负责人的场景，在一群自己不认识的新同学面前（全班30多人，只有2个女生），我鼓足勇气才敢这样介绍自己："小小的人，但是有大大的梦想，要做大大的事。"至于大大的梦想是什么？什么是大大的事呢？连我自己都不知道。

当我终于模糊地意识到自己有梦想的时候，是大二那年。

大学期间，被埋汰在机械制图、工程力学等专业课中间，总是更爱上英语课。再加上有两个学姐转专业的前例，我也开始跃跃欲试。我一向很负责地对待自己该做的事，即使不怎么喜欢的课程，也努力考了好成绩，应该能达到转专业的要求。

我兴奋了好几天。转专业是件大事，我主要咨询了当时对我最重要的两个人。妈妈说："咱们当初选这所大学就是选了排名靠前的专业，你们学校外语专业排名比较靠后，怕对你以后发展不好。"bmp说："咱们已经大二了，和班里同学比较熟悉，等你转去外语院，会发现那是一个完全陌生的团体，想融入会比较难。现在想着转专业后很美好的一切，到时候你可能发现并不是这样。"他们所言的顾虑，固然是有道理的。我也怕，憧憬的梦境，只是自己的构想，会实现不了。我没有坚持，用不作为回应了选择。

就这样，我坚持了四年自己的专业学习。

● 毕业在即，能否再次接近梦想

大四上半年，修完了专业课，我心中那颗跃跃欲试的火苗又

到一线生机。我再一次鼓足勇气，将自己对前途的迷茫、对英语的喜欢，写成了一封长长的英文邮件，发给了我认识的教修辞的 F 教授。相对当初给 W 教授写的那封邮件，这封邮件全是真情流露——一个人读了四年自己不喜欢的专业，现在来咨询老师自己接下来该怎么选择。我有些担心教授会认为我不成熟，但是，我真的真的，很想知道还有哪些可能的路，能让我至少接近下那模糊的梦想。

F 教授的回信，我永远不会忘记。

他表示很理解我面对目前处境的心情，说收到我的邮件很惊奇：连他带的英语专业的学生，都很少能写出这么流畅和清晰的英文表达。他表示愿意和我聊聊这个话题，跟我约了见面时间，地点在他家。

到了 F 教授家，他和师母的热情让我刚开始的不自在很快就消失了。F 教授首先肯定了我的英文专业水平，达到了科班生的程度；其次，F 教授很认可我的态度，能把自己不喜欢的事情做好，因为只有这样才更有可能让自己和别人相信，这个人能把喜欢的事情做得更好。

再次，F 教授更赞同我将外语当作一项爱好，也许有朝一日可以做相关工作，但就出国留学而言，最好申请原来的专业。出国读外语专业，极少有能申请到奖学金的机会。而如果自己已经有了专业特长，且成绩不错，是极有可能申请到奖学金的，如果不是特别抵触，为什么不借此机会留学呢？

F教授的鼓励，促使我做了决定，同时给我心里种下了希望：只要我坚持这项爱好，会有那么一天，我能做自己喜欢的事情。他的态度，也让我意识到，认真对待自己该做的事情是多么重要，所有当时看来有用没用的努力，都不会白费。未来，努力还会带来更多的机会。

就这样，我决定了去美国读机械专业的研究生。到了那里，每天日常交流都用英语，至少可以如此近距离接触自己喜欢的语言，机会难得。留学一场，在学习专业的同时，我更有机会精修英文。这个选择，我应该不会后悔。

就这样，我从了眼前的现实。但我知道，这也是为了，接近那模糊的梦想。我将这种看似不坚定、被他人左右、没有勇气选择的行为，称为"曲线救国"。

● 我要让美国大学，出钱请我去读研究生

最初的尝试并不执着

与学校申请同时进行的，便是套磁环节。套磁是留学术语，即在未录取前和目标学校的教授邮件交流，使对方教授对申请者产生兴趣，希望可以有助于录取，对方教授可能直接决定收录申请者，幸运的情况奖学金可以一并提供。

作为广大平凡家庭的一员，从没想过要用妈妈辛苦工作的积蓄供我留学，当时人民币和美元接近7:1的兑换比例，强加在普通家庭都有些离谱，何况我家只有妈妈。所以，从最初，我打定的主意就是，申请奖学金留学。我要让美国大学，出钱请我去读研究生。

从网上论坛看到，花时间研读对方教授的文章，并提出自己的见解或者问题，是最能引起对方兴趣的方式。否则，教授们每天收到那么多邮件，普通的套磁信很容易便被回收了。

我最初套磁的对象是耶鲁大学的一位教授，W教授去耶鲁访问时曾和他有学术上的交流，他对我现在的课题有一定的了解。于是我将自己对课题的一些发现以及读过他的论文后总结的一些疑问发邮件给他，这位教授没有回音，但他组里的博士后对我邮件的内容做了评论和答疑。那是一封在我读来有些晦涩的邮件，里面的专业术语和参考论文里的公式让我晕头转向，以至于我不知道该如何继续这段对话。我对这场讨论的兴趣弱了下来，加之在实验室做这个课题渐渐觉得不那么有趣了，和耶鲁大学搭起来的微弱联系，我没有珍惜，便不了了之了。现在想来，自己的名校情结还是不够深刻，否则当初有一线希望都该全力以赴的。

后来的套磁信，我是先去筛选和研究了对方教授的课题方向，再结合自己本科细分的方向选择能沾上边的，写邮件介绍自己、表达兴趣、并咨询对方教授是否有意向收徒。但我抱着随缘的心态，仍然这样做了。发过几封邮件，几乎没有回音，这让我沮丧，甚至一度想放弃套磁。

刚开始，我把搜索范围只停留在排名前50的学校，毕竟我有本校保送读研的机会，如果去美国的二流大学，不如留在中国的一流大学读书。当我咨询W教授关于申请美国留学的择校问题时，他这样对我说："美国有许多好学校，你别说前100名，即使你申请到前200名的学校，我都鼓励你去。"我相信W教授对留学的见解，他的话重新点燃了我内心快被套磁无果浇灭的小火焰。于是我慢慢扩大了搜索范围，不只是排名前50的学校，能找到的套磁对象也多了许多。

因为回音稀少，所以能得到回复便是很开心的事情了。有Lehigh University（理海大学）的大教授回邮表示愿意接收我，但对方告知的是他的项目组暂时没有额外资金（当时我已经收到该校的录取通知书，只是没有奖学金），让我可以先过去，或许第二个学期就有奖学金了。虽然是排名很靠前的学校，但没有奖学金相当于宣布"死刑"，另外一个学期的学费也很昂贵。除非能找到其他有项目资金的教授，我才可能去得了理海大学。也许名校的教授收到的套磁信太多，这场寻找最终无果。

还有University of Central Florida（中佛罗里达大学）的一位台湾籍教授表示很想接收我，但是他自己的项目没资金，要我去争取系里的助教，他表示会尽力帮我争取名额。这算是那时收到的最具鼓励的回复了，我兴奋又有些不安地跟进，在最后环节被告知系里助教名额将满，除非托福和GRE分数接近满分，所以我的希望不

比较简单。所以，与其说是通过套磁引起教授的兴趣，不如将套磁看作筛选自己对未来学业的兴趣和积极性的进程。站在学生的角度，这是一个互相选择的平等对话。即你将自己的过去、未来的打算，完整清晰地呈现给对方，然后便是互相选择了。

这条并不执着的套磁路，在一个深夜终于结束。那天晚上，我收到来自辛辛那提大学的录取通知书和奖学金通知——一年的硕士项目，几万美金的奖学金可以涵盖学费。这一切都在我的意料之外，该大学我只申请了博士，也没有和他们的教授套磁，看来是招生办自行给我转了项目。也好，一年的项目时间短，这样一来我只需要每学期交点杂费，准备一些自己的生活费即可，若够节省，花费不会太多。去了之后我可以申请打工的机会，说不定没过多久就能经济独立了。看到录取邮件的那一刻，回想起每天夜里12点看着GRE单词小红本入睡、早晨6点跑去学校荷花池边强化单词记忆的日子，整理厚厚的申请材料、三天两头跑去快递站往国外学校邮寄的日子；硬着头皮推导并不感兴趣的公式、学晦涩的项目资料的日子；在这条略带沮丧的套磁路上颠簸的日子，突然都变得有意义了。

这只是起点

许多时候，你所有的努力，也许没能指向最初期待的那个点，但正因为这些尝试，才有了后来更广的选择。之前的努力，都会在未来成为某个站点的铺垫，起光你并不知道。如果从来没有尝试，永远都不会知道。

　　套磁这条路，每个DIY的留学生都有不同的经历。有的人几经辗转最终执着地申请到了自己心仪的学校／实验室，有的人因为成绩太好，没有套磁直接被系里录取成为助教；有的人有幸被学长推荐直接和教授取得联系；有的人因为一封普通的问候和表达兴趣的邮件，便被一个同样正在寻找生源的教授录取了。也有像我这样，迷迷糊糊一场，最终得了个未知的去处。然而我喜欢未知，也仍相信在我未来的未知中藏着的美好。

　　"大长今"中有人对长今说过一句话："你是一颗撒在寒冷的冰上，也能结出美丽花朵的种子。"这句话似乎魔力般地留在了我的心里。我亦相信，无论在哪片土地的任何地方，我都能创造出自己想要的生活的样子。

NO.03
留学学费篇：梦想的标价，无关金钱

来到美国留学后，当我再次回到故乡，听到过最遗憾的一句话是："当年我也想留学来着，家里条件不好，放弃了。"

如若是家庭情况特殊，需要自己不能远走，因此放弃留学的遗憾是可以理解的，但若只是迫于经济原因，却是完全没有必要的。

我一直认为，留学是自己的梦想，没有人该为你的留学买单，尤其是你的父母。

这里，我想结合自己及身边的各种事例，就留学梦这一主题说明一件事：为实现梦想的努力是不断努力寻找办法的过程，这过程本身，无关金钱、家庭条件等外部资源。我希望，每个真心向往又决定去留学的人，不要因为金钱方面的顾虑却步，也不要因为可以战胜的客观因素，错过自己探索大世界的梦想。

网上经常看到这样的提问："我想留学，不知道需要多少钱呢？担心家里负担不了。"

其实，与其为了一个你自己都不敢相信答案的问题在网上跟帖咨询陌生人，不如自己动手。这个问题要找答案非常简单，有心的同学只需要登录国外目标大学的网站，搜索tuition（学费）相关的网页，很容易就能找到清晰的花费条目，包括学费、生活费、书本费等。生活费和书本费只是作为参考，我会在后面章节介绍如何大幅降低这两项花费。但学费是固定标准的，并且学校网站上提供的是最官方的信息。比如美国著名的公立大学Ohio State University（俄亥俄州立大学），在这所学校的官方网站搜索看到2017~2018年的学费数目，大一新生州内居民为$10591，州外居民为$29695，国际学生为$32623。我们要看的是针对国际学生的收费（显然为三者之中最高的）。类似的信息因学校而异，但无异的是每个学校都会公布这些最基本的数据。

那么这每年3万多美金的学费，一定要你自己出吗？

不一定！本文会根据不同的留学计划，分析背后的学费成本，从最惊人的全部自费到最点燃希望的一分钱不花去留学，希望能给不同情况的读者们一些参考。

● 高中毕业／大学转学，去美国读本科

本科教育，除了背景极其优异的学生会得到学校全额奖学金（下称全奖）待遇外，绝大多数情况是必须自费的。当然，学校也会提供申请奖学金的机会，但每年几千美金的奖学金仍然是美国公民优先，在每学期几万的学费面前，也是杯水车薪，大头还是要自己出。

学费额度因学校而异，一般来说公立大学的学费要低于私立大学，因此很多美国学生在申请不到高额奖学金的时候，也会因省钱选择去公立大学就读。公／私立大学类都有名校，并不是学费越高教学质量就越好。

我身边有读本科的朋友一边读书一边在校园勤工俭学。国际学生打工只能在校园，工资不高且有最长工作时限，仅能算作一些生活补助。且美国本科生课业繁多，勤工俭学虽能锻炼能力却也占用时间，之间的平衡需要自己把握。

所以，去美国读本科，绝大部分情况还是对家庭的经济状况有很高要求的（假设高中毕业的孩子是没有自己的经济来源的，这个阶段还是主要依靠家人）。

那么看到这数字已经想逃走的孩子们，难道要就此放弃留学梦么?

当然不是。对于想少花钱留学的学生们，本科毕业去美国读研究生或者博士，经济压力小，甚至有很大一部分学生一分钱都不用花，是个合理又省钱的选择。

● 本科／研究生毕业，去美国读研／读博

研究生阶段，学费并没有减少好多，但解决留学经济问题的方法就多了许多。尤其对于STEM（Science科学，Technology科技，Engineering工程，Mathematics数学）相关专业，美国大学奖学金的

机会很多，不花钱留学并非难事。

自费读硕士

根据经济情况，如果是自费，完全可以选择硕士，美国的硕士有两年、甚至一年的项目，相比本科花费学费上就少了一半还多。而且读书期间可以申请暑期实习，拿到硕士学位后再求职，工资底薪至少在五万美金以上，即使申请助学贷款读书也能很快还清。相比自费读本科而言，经济方面的负担少了不止一点。

有趣的是，来到美国后认识的不少印度同学，一类是家庭条件优越自费读硕士，另外一类便是经济情况窘迫，申请助学贷款也要来美国读书的。有位贷款读书的同学告诉过我，他们申请之前都是算过经济账的，只要读完书能在美国工作一两年，可以在积累工作经验的同时轻松还完贷款（这些同学平时生活非常节俭，所以花费基本都来自于学费）。

硕士奖学金少是一致公认的（但还是有的，后面会介绍到），所以有不少自费硕士的案例。只要充分利用留学期间充电，自费读硕士也可以成为一个极具回报的选择。

比如我初来美国时的室友月，她就是半自费半奖学金读了商学院的信息系统专业，每个学期交5000多美金的学费。她充分利用了学校能给的一切资源，认真学习和钻研课程，团队项目即使组员懈怠她也一定全力完成，积极调研并学习有助于就业的各项技能，商学院的大小招聘会她每次都去尝试和积累经验。在第二学期快结束时，她已经拿到了一家公司的实习名额。早早修完课程的她，在其他同学还在修课时便已出去实习，自给自足的同时还可以潇洒地买买买。毕业后，实习的公司录用她成为全职员工，并因为项目灵活，她大多数时间都可以在家办公。工作不到三年，月已经有能力和老公一起贷款买房了。

另外一位朋友，在美国读完本科后申请到了斯坦福大学的硕士。虽然没有奖学金，但冲着是自己梦寐以求的学校，他决定自费去读。斯坦福读书"炼狱"般的生活，给那两年时间注满了成就感。期间他修过一门"ME310"的设计理念课程，在业界都是享誉盛名的。课程从始至终贯穿着若干个大公司的直接参与，根据他们提出的产品需求让学生组队主持产品开发，课程严格要求学生团队从无到有设计并制作符合要求的全新产品，定期和公司代表交流思路并评估进展，以实战方式充分锻炼了交流和设计能力。了解斯坦福课程设计的公司，甚至会明说想要这门课程表现优秀的学生，其中的含金量可想而知。他毕业后先在特斯拉就职，没过多久便跳槽去了 Apple 公司，初始薪水十二万美金起，另外配送公司股票。他最终的目标是充分提高自身含金量后加入华为。有了前期的积累，再次回到祖国，想必他会有一个很高的起点。当初自费读硕士的教育投资，对于他职业发展的意义、回报率是难以估计的。

申请奖学金读硕士／博士

如果你幸运，申请到全额奖学金是最理想的情况。全额奖学金数额，不同学校和院系略有差异，一般在每月1500~2500元之间，同时提供学费全免和免费的医疗保险，足够生活外还有不少结余。

全额奖学金分助教（TA，teaching assistant，教学助理）和助研（RA，research assistant，研究助理）两种。助教一般由系里提供，且比较倾向于给新来还没有机会找助研奖学金的同学。助教的考核标准偏向于英语和专业成绩，因为助教工作包含批改作业、给学生答疑、有的还需要带实验课程，对英语交流能力和专业课程的水平有较高要求。助研一般由系里的教授提供，主要取决于教授对你能力和潜力的认可，要么在入学之前已经通过套磁联系到教授愿意提供助研，要么在入学后开始联系教授并寻找助研名额。助研类型的奖学金一般来源于教授的项目资金，学生的研究课题会定为与项目内容一致，这样助研做的工作也相当于为自己的论文做积累。项目任务大多需要招收博士生用较长时间才能完成，因而奖学金会优先给申请博士的学生，相比之下硕士能申请到奖学金的可能性会小些，但的确有。我身边有一些全额奖学金的硕士案例，包括我自己。

自费读博士的情形在此不做单独讨论。因为博士年限较长，自费不是一个推荐的做法。即使是最初自费开始，也推荐在入学不久确定课题后争取到奖学金。因为读博士的年纪，大多数人毕业后也接近30岁了。在被传统认为该是成家立业的年纪，因为自费读博而来的一个负债的开始，对大多数人而言是个不小的压力。而且助研支持是对博士期间工作的一种肯定形式，有价值的科研，是值得被资助的。

这种拿奖学金读硕士／博士的情形，在美国大学是普遍存在的，也保证了任何家庭条件的学生都可以没有经济压力地实现留学深造的意愿。我有位学长，家里父母靠务农维持生计，兄弟姐妹众多，申请到奖学金出国，自己节俭生活的同时还经常补贴家用，他就这样五年读完了博士，发表了不少高影响力的论文，在自己的领域做出了有价值的贡献。在这样的榜样面前，谁还能把没能留学归咎于家庭原因呢？

向中国留学基金委等申请资助——交换生、博士生

中国留学基金委会提供一定名额给符合条件的中国学生进行出国深造。这项政策可能会因学校而异，相关的文件可以在学校的相关部门查到。这种情形，如果你已经开始在中国高校读研，那么可以选择做交换生，到美国高校其他组学习的同时体验留学经历，对自己各方面都有好处。另外你也可以申请到资金机会后直接到国外大学读博士（这种资金支持更倾向于博士生，为祖国未来的科研力量投资）。

我大学的同班同学中，有几位同学就是开始在国内读研后申请到中国留学基金委的支持到澳洲、英国等地读博士。因为有和母校

的联系，毕业后他们回到学校应聘教职也更有优势。其中一位便是在英国一所大学博士答辩前就回母校面试了教职，博士毕业后立即有了回母校任职的机会。此种情况是通过国内大学申请资金，名额和其他条件等有一定限制（比如要求你申请到目标学校给你免去学费的录取，且并非每所学校都有这样的名额），需要花时间和精力查明自己所在大学相关政策的具体规程。

第二章

熟悉的世界渐行渐远

我

不知道前方的生活会是
怎样的模样，但我知
道，离开前的时光，要
倍加珍惜。

出国前的热闹和孤独

大学毕业了，离开祖国前的三个月，这段自由的时间，要怎么安排呢？

● 热闹地玩，孤独地行

和家乡从小一起长大的小伙伴们约着玩耍，是每次回家必做的事情。野炊、爬山、玩互动游戏，都是我们初中时候常有的集体活动。想到这次远走的距离和时间，在异国再也没有这些亲切的儿时伙伴的陪伴，更是必须动员大家再去一一体验曾经带给我们无数欢笑快乐的活动，说着亲切的方言，回想着再也回不去的少年记忆。

说着方言，少时伙伴群玩的热闹画面，就这样定格在了那个夏天。我感谢那样的时光，当时我们都是刚走出大学校园的青年，带着象牙塔的梦想和棱角，有着各自喜欢的人，没有被环境局限生活观，更多的是在期待着前方模糊而光亮的未来。

另外，我想去看看沙漠。敦煌离家远，没有小伙伴想要同行。妈妈要工作也没法陪我，但她十分理解和支持我的旅行欲望，告诉我不要因为没有小伙伴陪伴就放弃。独自远去看世界，是一种成长。于是，我戴着妈妈的骆驼帽和漂亮丝巾，朝着遥远的沙漠出行了。

经历了火车颠簸和夜班车上的黑暗，在黎明的时候到达敦煌。空旷的沙地，零星的路灯，高远的蓝天，我在渐渐接近沙漠。

到了敦煌城，先去的莫高窟。出租车司机态度友好，加深了我对这个城市的好感。

莫高窟的壁画，是多年的历史积淀，经历了自然和人为的洗刷侵蚀，才保存至今。头顶的每个壁画都在诉说着过去的故事，传承着中国文化的积淀。更有让人难以置信的大型佛像立在一旁，人变得如此渺小。眼前这些，都是极具中华特色的，世界上其他地方，此情此景不复存在。能在出国前来此观赏学习，对我而言，是很有意义的。

下一站，就是沙漠了，来敦煌的人，是必来此处的。一望无际的沙漠，起起伏伏，直到天边。游客虽多，但用力向远处张望，再加些想象力，也能领略到沙漠独有的安静和壮美。

赶在天黑之前，欣赏了沙漠的日落，阳光给沙漠镀上金色，所有的声音，都掩盖不了它的沉寂安静。走过沙漠的绿洲，终于敢相信这样的地貌也会有水和植物出现。大自然可以这么不可思议地充满生命力，人类应该也可以。

● 在宾馆后厨学做菜

这里说一句半玩笑半认真的话："培养大厨的地方，除了中国的新东方，还有美国的大农村。"漂泊在美的中国留学生，早已被祖国博大精深的饮食文化熏陶成了固执的中餐口味。大家深知，到了美国，在外大多时候只能吃快餐，留学生普遍经济受限，偶尔才去吃吃略为昂贵的亚洲餐。妈妈担心我一个人在国外吃不好，于是建议我学厨学习做菜。

为了培养出高标准的厨艺，妈妈帮我联系了她的老同学（县城里较大的一家宾馆负责人），安排我去学习做菜。

教我的大师傅是主厨，带的徒弟是几个年轻小伙子，负责主要的菜品。还有一个面点部，里面全部都是阿姨辈的，北方人偏爱面点，她们手里做出的面点，精巧可人。

学厨前两天，师傅每天给我土豆若干，让我练习切土豆丝。"土豆丝是最考验刀工的，刀工对菜的味道和品相，都很重要。你就从这个开始练起吧。"师傅语重心长地说。

就这样练了两天，大概能切出粗细一致的细条土豆了，虽然还不是土豆丝，但我觉得，于我而言勉强可以了，毕竟出国后，我不会经常做土豆丝的。理解师傅的良苦用心，我还是跟他直接讲了："师傅，我就是想在出国前学做几道大菜，您平时给酒席供的那些菜，我想学点，以后出去好自己做来解馋。这样一直练切土豆丝，我要好久好久才能练出您那样的手艺。"

"噢，这样啊。我以为你想学当大厨呢。这样好办，明天开始，每天学一道菜好啦。"师傅乐呵呵地讲。我松了口气，原来是交流不当，妈妈说请人家教我做菜，师傅以为是要培养大厨。

开始的时候，除了师傅，因为是妈妈朋友的朋友，对我很是照顾。其他的人，从师傅的徒弟到面点部的阿姨，我总感觉，对我不怎么友好。也许我看起来像是个误入他们世界的外来者，人处于天然的保守总会有些排斥。

我想，这也是一个锻炼的机会，我决定努力在后厨的小世界里得到大家的认可，希望这样会被更友好地对待。

怎么实施呢？每天的菜品学习，我都带着笔记本，认真观察师傅的示范步骤，记下每个点，及时问问题，尤其注意不影响其他人的工作。师傅一般会让我在看过之后，自己试着做同一道菜，看看味道怎样。我炒出来的菜，因为味道不敢保证，自然也是要自己吃掉。

这个学习过程，其实可以充满乐趣。

按照我的策略，没过多久，后厨里的小伙子们就开始露出笑容了，也会主动指点我做菜了，偶尔还一起聊天，"吐槽"下宾馆的菜品和来客的变化无常。我做成功的菜品，大家一起分享，开始其乐融融了。

至于面点部的阿姨们，我的策略，没有完全成功，尤其是带头的那位最能干的阿姨。我一如既往地跑去观赏她们做各种面点，也是出于真心想跟她们学几招，经常赞美她们本就很棒的手艺，阿姨们总是笑笑就过了，好像还是差点什么？

于是，我开始"逼着"带头的阿姨和我聊天。阿姨辈的，一心为孩子，聊孩子总不会错吧。

"阿姨，您孩子也在县里念的书么？"我甜甜地问道。

"是的，就这里高中毕业的。现在已经工作了。"阿姨边擀面边回答道。

"噢，那她现在落到哪个城市啦？"我接着问。

"她考了公务员，落在宁波了。"阿姨略带得意地讲道。父母总是以孩子的成就为荣，这点我深为理解。

"姐姐好厉害，现在考公务员特别难考吧。"我夸道。

"是的，而且我女儿特别孝顺，念书也念得好。"阿姨满脸自豪。

接下来，她讲了更多关于女儿的优秀成绩，话匣子就此打开了。就这么一个对话，阿姨打开心扉了，主动开始跟我讲她在做什么。我接下来再请教再提问，阿姨就知无不答了。还会很好心地告诉我她们什么时候会做什么面点，让我在那个时间过来学学。我说我学了回家给妈妈做，她们听了也很开心。

再接着和师傅熟悉了，他问我可不可以帮他女儿辅导英文，我非常乐意地答应了。一直得人家的照顾，回报别人做点事情，也能安心些。

在家的时候，我自称"开心小厨"，乐活地重返每天学到的菜品，妈妈开心地说真的很像她在饭店吃到的味道。

如今回想起来，我无限感恩当年妈妈让我去修炼厨艺的建议，以及她的朋友提供的在宾馆后厨特别的学习机会。那段经历，让我接触了一个这辈子很可能不会再有机会接触的小世界，师傅的教导让我从烹饪基本功中领略到做菜的乐趣，留学后配合网上的菜谱和自己的想象力，我在国外的伙食质量提高了许多。

零散的时间安排

那段时间，我还在网上学习耶鲁大学的专业课程，提前适应美国全英文教学的环境。国外的学术世界，是什么模样？虽然那会儿我暂时不用面对，但我相信一定是个不小的挑战，还是尽自己所能找到的资源做些准备。

休闲的时候，打开以前迟迟未看的"哈利波特"系列电影，把第一部到第八部全部看完，顺便练习英文。当时第八部正在美国上映，在那边"麦当劳"交换打工的小学妹告诉我，在美国看电影没有字幕，好锻炼听力。据她讲，"哈利波特"完结的时候，影院里的人全体起立鼓掌，久久不停歇，让人感动地落泪。

　　落在我心底的，是邓布利多寄予厚望讲给哈利的那句话："决定你成为什么样的人，不是你的能力，而是你的选择"。越长大越意识到选择的重要性，虽然出国已成定局，但我总无法不去想：如果当初选了不同的专业不同的学校，我的轨迹，定会截然不同吧。

　　远方全新的未知，也在时间和思绪一天天流淌的同时，离我越来越近。

NO.02
爱的行李，永远装不完

● 儿行千里母担忧

按照妈妈的说法，行李要提早开始准备。去另外一个国家生活，准备的东西可能需要很多。为了让我在异国的生活更加舒心，妈妈开始事无巨细地忙活开了。

儿行千里母担忧，虽然我高中开始就离家住校了，但每次去新的地方，妈妈还是一样操心。去的地方越来越远，行李准备得越来越多。那个时候航空公司的政策，是可以带两件托运的大行李。妈妈凭着高超的打包技能，把所有巨大细小的东西奇迹般地塞进了这两个大箱子。

现在，我已经习惯了美国的生活，再次出国时，妈妈就不必像当初那么累了。也或者，工作量还会一样大。因为母亲的心永远那么细碎温暖，尤其是中国的母亲们，奉献是从孩子出生起就注定了的。再大的行李，都能被她们填满。就这样，她们仍会担心。

我会买个超大U盘，把过去的记忆和将来需要的电子资料全部带走。

至于专业书籍，对我来说，没有任何一本让我留恋，带了为数不多的几本出国，至今从未翻过；带去的小说和课外书，倒是会偶尔翻翻，权作精神食粮。以上只是我的奇葩情况。

但我还是建议大家，若是有自己觉得很需要的和对自己很重要的书籍，一定要带上。国外的大部分书，能比国内贵上10倍多，尤其是教科书，由于大多包装精美，动辄超过100美金，一定不要觉得奇怪。当然，也不必过于担心以后缺书，国外的图书馆系统方便，学校一般会有定量的免费打印，所以结合借书和打印电子资料，不至于因为缺书让人头疼。

另外，就是要照顾好自己。对自己有特殊意义、能让自己开心的东西，一定不要落下，比如你抱着睡了十多年的那只熊；比如玩几盘就会忘记烦恼的"三国杀"卡牌；好朋友送的礼物，你看一眼就被温暖到的东西。

到了新的世界，要去结交新朋友，创造新的快乐。尤其在国外，多多体验异国文化，结交当地朋友也是不可缺少的一环。那么，带些有中国特色的小礼物，未来的异国朋友收到，自然欢喜。茶叶作为中国礼物送得太过频繁已无新意，除非你是懂茶之人，否则可以略过。装饰品、十字绣、皮影戏、剪纸、中国字画（有特色便可，不必价值不菲）、小雕像，都是不错的选择。

此外，简单易携带的厨房用品、调味品，可以带些过去，这些东西的价格，基本是国内的6倍。但全取决于还有多少空间，个人认为并不是特别重要，毕竟能在美国买到。习惯的日用品和其他国外不方便买的东西可以准备一些。

● **抵美后的接机和临时住宿**

在出发前几天，就要开始安排接机和住宿的问题。

当时，接机学校有安排，可以注册报名。独具美国特色的是，大多数地方当地教会安排的接机，比学校还要周到。只要提前联系好，总会有人接应你。

找住宿，要注意以下两点：

第一，可以联系当地的华人学生群，这也是比较靠谱的方法。其他网站上虽也有帖子，但出于安全考虑，大家联系发帖人的时候还是要千万小心，多多咨询群里的学长学姐，美国也有坏人和骗子的。

不介意和别人同住的同学，建议联系个室友，毕竟有事可以互相照顾。当然作为朝夕相伴的室友，能合得来很重要，所以和不相熟甚至未见过面的人联系同住，未来也许会发现生活习惯等有不适应，自己权衡就好。

第二，若暂时没找好房子，也不要过于担心。当地教会，或者已经去到那边的前辈，甚至有专门的寄宿家庭网站，都是可以帮你找到临时落脚的地方。去了美国落下脚，再找房子也是可以的。

安排这些事情，有千万条路可以选，不用太过纠结担心。自己做好准备，其他的顺其自然。该经历的，逃避不了。

当时，我联系的是当地教会，在当地教会的帮助下，找到了暂时落脚的寄宿家庭和接机人。接机的是位已经在那边参加工作的中国学长，有了他的联系方式，安心多了。与寄宿家庭（典型的美国家庭，照片里是两个可爱的洋娃娃小孩和微笑的爸妈）也互发了邮件，他们听说我喜欢徒步，也说有机会可以带我一起远足。对此，我充满期待。后来抵达之后，临时得知我租住的公寓房东帮忙代买了床，可以马上入住公寓。到达寄宿家庭安排的住处，恰好房间因为刚刷漆不久，仍有较浓的油漆味，出于健康考虑，我婉谢了临时住宿的好意，遗憾错过了和他们进一步的交往。

走前，临行的日子一天天渐近，妈妈的脾气和心情开始飘忽不定，我完全理解她的心情。往年在外，寒暑假总能回家，至少可以一起过年。而这次一别，过年的时候，很可能也见不到了。

即将离开的人，憧憬外面世界的欣喜，也许会盖过离别的悲伤。可留下的家人，要面对孩子远离的失落和接下来无尽的思念。这也是为何有些人放弃了出国留学。其实没有对错，只有选择。

NO.03
妈妈的眼泪留在上海，
我的眼泪流在美国

第一次出国，妈妈特地订了张去上海的机票。因为我没怎么坐过飞机，对流程不太熟悉，更重要的是妈妈不舍得让我一个人走。

我的机票是与一位将来的同学一起订购的，我们通过QQ认识。代理说这位同学的爸爸是他们的常客，我也就排除了可能被骗的嫌疑，放心地通过这个代理订购了和这位同学邻座的机票。虽未蒙面，却也不是完全的陌生人，十多小时的飞行旅程，可以相伴聊天。

飞机在上海落地。幸好有妈妈同行，否则拖着两个大箱子，一个小箱子，再加上肩膀上不轻的书包，即使变身"女汉子"，也难行动自如。

到上海的第二天，早起提前去了机场，国际航班要求至少提前三个小时。在那儿，见到了和QQ上联系到的上海同学以及他的家人。叔叔阿姨非常友好，因为他们经常出行，将领机票和安检等流程都给我们讲了一遍，一时心里有谱了。刷过护照，自助登记的机子印出了两张机票，从上海到美国底特律，从底特律到俄亥俄州的辛辛那提。好神奇，这么长的旅程，就是这两张纸上。

期间接到前男友bmp的电话，我依旧不耐烦地劝他别打过来了，他还想叮嘱什么，我就说再见了。

和bmp大学三年的恋爱，一起成长一起进步，以为和其他情侣不同，虽然最终都会留学美国，却也毫无意外地分手了。这是我大学记忆最重要的部分之一，此刻却只能归于过去了。

我想了许多办法让自己忘记，最后选择让自己打开吸血鬼模式，切断情感开关一般，冷血地对待他，度过最初最艰难的时刻，以后某天也许便能淡然看待了。既然已经错过，那曾经说过再见的人，就不必再回头了。世上的路有千万条，何必要回头走揪心的那条。此刻，正好可以是新的开始。

过中国海关，意味着要和家人分别了。他们被隔在外面，我们托运了大行李，带着登机牌入关了。临走前，和妈妈拥抱，互嘱要照顾好自己，就这样然后分开。

我没有哭，但也很不舍，因为未来的生活，要把思念化为奋斗的动力。

到了美国很多天以后，上海同学告诉我，他的爸妈说我妈妈在机场落泪了，听了他的话，我在美国补上了那天没落下的眼泪。

也应验了一个道理，最想家易落泪的时候，不是你离开家的时候，而是你在外面的世界遭遇孤独的时候。

NO.04
国际旅行小贴士

● 行李

携带行李有以下几点要注意：

（1）因为带上飞机的随身行李不称重，因而可以将较重的物品随身携带，而非托运，比如书籍类。

（2）查询海关规定，不允许过海关的物品切记别装，尤其是带肉类食品。有朋友回国带了几大包喜欢吃的牛肉干，在西雅图海关全部被没收，没有罚款已算幸运。若是第一次出国遇上这种情况，难免手足无措，提前做好调查，避免给自己制造不必要的麻烦。

（3）托运的行李箱一定要挑选结实耐摔、质量过硬的，保证滚轮要好用。因为行李搬运途中可能会被摔来摔去。过海关之前要领取托运行李，每个人要带着自己所有的行李箱排队过海关，如果遇上行李箱出状况会很麻烦。如果经济条件允许，一定不要过分节省，选择好的行李箱，未来可以一直用，是值得的投资。

● 国际航班

订机票有以下几点要注意：

（1）预订机票时，如果到达目的地需要转机，最好预定转机时间超过2小时的机票，否则海关排队等待时间长，可能导致错过航班。

（2）多次航班的机票尽量在同一家航空公司定套票，出现航班延误等情况时，可以自己联系航空公司换乘其他航班，一次性安排好剩余的航程。

（3）长途飞行注意多补充水分，最好能多穿几件衣服以免被飞机上的冷气吹感冒。美国航空公司的国际航班食物很不符合亚洲人口味，如果介意这点，可以考虑在随身行李中准备些食物。

● 过美国海关

过海关需要注意以下几点：

（1）从中国到美国的第一趟航班未落地前，空姐就会分发一张海关申报单，在上面填写姓名、地址以及携带的物品、现金等信息。这张单子只是过海关的时候会用到，如实填写就好，第一次出门的同学可以填自己在美国的临时住址。此单里的信息只是作为临时登记，所以不必过分担心有的信息填写不准确会影响以后行程。

记得准确登记随身携带的现金数目，此处只需要你如实申报，不

会因为带了现金遭到审核（一万美金以下）。但若是遇上抽查，被发现实际携带的数目和申报数目不一致，海关是有权利没收现金的。

（2）下飞机后，基本会随着人潮被涌向海关处，不用担心找不到。但是要站对队伍，不同身份的外国人（比如国际学生、绿卡持有者等）站的队伍是不一样的。

（3）重要的文件请装在随身携带的包里，保证需要的时候随身取出。可以在等待过海关时拿出需要的文件（护照、签证，I-20表和其他相关资料），轮到自己时对方需要什么就给什么，有条不紊。

（4）过海关时大多数询问情况都是询问比较常规的问题，比如去哪所学校，读什么专业等，比签证面试简洁。偶尔遇到非常规情况也不要紧张，正常应对就好。

我当时过海关时破例被滞留了一小会，后来被问身上带毛的外搭是什么材料做的，我当时想了想可能是和动物保护有关，马上回答是植物纤维做的，就过去了（在中国只是一件很普通的衣服，小姨送我的礼物，我压根不知道是什么材料做的）谁会想到一件衣服也能引发一场潜在的海关风波，大家以后出国旅行请避开明显带毛的衣服。

第三章

以留学生视角探索美国

初到美国，我带着最大的好奇和期待，开始了解这个国家，开启全新的留学生活。

构筑第一个
单身合租宿舍

前来接机的黎大哥将车停在我未来公寓的楼下。该下车了！踏出这一步，是我直面异国生活的开始。所以这一步踏得如此神圣。

我们的公寓，坐落在一个斜坡街道的一侧。三层小楼，是由老式房子改造成的公寓，我们住在一层。同侧的街边还有不少类似结构的房子，紧凑地挨着，有种集市的感觉。推开院子的小木门，敲开房门，终于见到了我的三位室友：月、言、宇。大家之前都在QQ上联系过，并不陌生，但面对面相处的感觉，真的是更加踏实。

我的两位男生室友，分别来自中国的南方和北方，南方的言皮肤白略胖，北方的宇皮肤黄又极瘦。在今后的相处中，也能明显地感觉到北方男生的豪放直接，和南方男生的细腻婉转。我的女生室友月，是个很好相处的天秤座女孩，我俩的家乡又很近，连方言都类似，于是倍感亲切。

我的新天地，卧室基本只能容下一张床，其他就没什么空间了。房东已经安好了床架，替我代买了床垫。好在衣橱内嵌在墙里，却不会占用本已狭小的卧室空间。让我喜欢的是，屋里有两扇窗，拉开百叶窗帘，一边的视野虽被另外一栋楼遮挡，另外一边却能看到街道，以及窗外那棵开着小红花的树，也算别致。初见，条件虽简单，却五脏俱全，我还是很喜欢自己的小天地的。细心擦拭过唯一的家具——床架，我就开始整理衣服了。

我的南方室友言，细心挑选了这个离当地一家超市很近的公寓。美国的很多城市都地广人稀，无车不能出行，辛辛那提也是。而大多数城市的公交系统并不发达，所以我们能够步行买菜，是极其方便的。

门铃响了，是月的舅舅。他现在已经在美国的另外一座城市安家，想着侄女第一次来到异国会有诸多不便，便特地赶来帮忙。没来之前，我压根没有认真想过到美国后可能遇到的细节问题：去哪里买简易家具？哪个超市买日用品方便？家门口没有公交车，要怎么去远处的地方等？感谢这位舅舅的爱心，在照顾月的同时也一同照顾了我们，帮我们解决了初到安家的基本问题。

月的舅舅推荐我们去宜家买家具，去沃尔玛补给厨房用品和日用品。这两家店离我们的新家很远，幸好有他开车带我们去，还额外免了我们自己搬运重物的负担。在店里，他教我们注意打折（Sales）的标识，教我们怎样看价格，不是只比较总价，还要看商品单位价格。初来乍到的我们，和其他许多留学生一样，买东西会自动转换人民币，比来比去挑更便宜的。超市自产的品牌，一般价格更平民，质量也过得去，备受留学生青睐。比如Walmart（沃尔玛）的自产品牌都标有Great Value（超值）字样，Kroger（克罗格，美国的连锁百货超市，我们常去买菜的地方）的则会标有Kroger的字样。

我们四人准备合伙做饭，我和月作为女生，就负责为大家选食材。我们郑重宣布："菜和肉这种原材料少不了就买吧，但葱姜蒜都太贵了，调味品也贵，像这种能免的就免了吧，买盒盐就行了。"言和宇也同意了。现在回想起来，会笑初去美国的我们，连调味品都不舍得买，甚至忘了炒菜加调味品的滋味。

忙完生活琐事回到家，终于可以歇息了。我们四人聚在客厅里，开始聊起各自的计划，聊起接下来几天的事情。没有壁炉，客厅略暗的灯光，却营造出"壁炉旁话巴山"的气氛。天南地北的四个年轻人，就这样，掀开了四人异国相遇的篇章。

NO.02
平民式漫步异国街头

最初想要出国，只因为想要看看外面的世界，只因为喜欢英语这门语言。对美国最初的憧憬，也只限于自由女神举着火炬召唤出的那阵自由之风，和大学课本里学到的那个想要自己开农场，迟钝却固执地实现了自己美国梦的意大利人。

当我真正踏上这片土地，开始认识它、了解它，才终于明白为什么有些东西是要亲身去经历、用心去感受，才能缩短和它之间的心理距离，才能看到所有自己想看到的，和不想看到的。憧憬的只是美好，但真正的印象，却是见识了它的全部，才能全盘勾勒出来的。

● 穷人区和富人区只隔一条街

清晨外出散步，出门看了看所住公寓的标识，才发现它已经有一百多年历史了。美国人喜欢保存古老建筑，房子超过一百年历史，并不鲜见。初来时喜欢门口盛开着小红花的树，喜欢干净整齐的街道，经常打开卧室的窗户透气。住时间久了才知道，原来这条街很不安全，经常发生抢劫，后来再也不敢开窗了，只是偶尔会轻轻地拉开百叶帘。晚上也尽量不出门，美国人持枪合法，万一被抢劫，那可不是开玩笑的。幸好，我们分外注意，在那儿住了一年，并没有可怕的事情发生。

而临街就是豪华现代的标准学生公寓了，各类设施一应俱全，高端大气的外形自不必说，里面的健身设施从街边橱窗就可以看到，租金也是我们房子的好几倍。开始不敢相信，这么风格不同的建筑，会修在相邻的街上。后来知道在美国，穷人区和富人区只隔一条街的距离，也是不足为奇的。

街上没有垃圾，无论哪条街道，每栋房子都有自己独立的垃圾箱，连垃圾箱也是一尘不染。抬头仰望，湛蓝的天空，有云河在荡漾。闭眼呼吸，新鲜爽喉的空气，享用一番头脑清醒不少，似乎有些久违。直到今天，见证天空的美，仍是我的一大乐事。在国内，F教授在讲课时说过："我经常对我的外国朋友说，我不羡慕你们先进的技术，不羡慕你们走在世界前列，但唯有一点，我真心羡慕你们对环境的保护。"我还记得老师当时脸上的羡慕和兴奋，现在总算理解了。

街边的座椅，不用擦拭，大多没有灰尘，直接坐上去就好。

再往前是"五三银行"了，他们偶尔会搞活动，免费发放热狗和饮料。这自然造福了平时在街上向行人乞讨零钱的流浪汉，我们穷学生也去凑热闹。坐在银行门前的街椅上，吃着热狗，喝着可乐，来往的每个行人，眼神接触，都友好地向我们微笑问好。在美国，即使你不认识的人，也常会对你打招呼，微笑地问一句"How are you?"。这是他们人与人之间的礼貌距离，也让初来的我们感受到了异国的友好。

● 在陌生校园里我行我素的感觉

初到学校，看到大片的草地，风格各异的建筑，有的像塔，有的像小火车（后来被同学纠正说是四冲程内燃机），设计极尽想象。后来知道原来学校的建筑设计专业排全美前三，自然有许多别处见不到的样式。

美国的草地旁一般不会有标识"禁止踩踏"的警示牌。大多数人因为没有这种意识，所以很少去踩草地。

学校的后花园，栽种了各种樱花，粉色的、白色的，春天一到，放肆地开放，美极了。路过每棵樱花树，去看下面的标识牌，认识了它们学名的英文单词和详细的介绍。

后花园的小路边多有长椅，天气好的时候捧本书坐着读，伴着花香草气的熏陶，是无尽的享受。我偶尔直接躺在长椅上望天，绿色的枝叶给蓝天镶了边，可以美美地发许久的呆。到了国外，觉得没几个人认识我，经常敢去做许多从前不好意思做的事情。

赶上学校下课，瞄到一个好潇洒的美国学生。在健身房前的两棵小树间，挽起了一个吊床。天气晴好，课间校园里人来人往，小哥悠闲地躺着看书，吊床前的球鞋里，插着他的大杯可乐。没有人注意他，他也不会去看路人。曾经潇洒悠闲的少年，幸运的话，会成长为一名意气风发追求进步的青年。也许不复昨日的闲情逸致，但今日不停歇的努力，自有另一番味道。

走着走着，看到一处美景。我请路边一个黑人大叔帮忙拍照，我将照相机给他，之后才有些隐隐担心，看样子他是个流浪汉，都不认识他，这样会不会不安全呢？拍完照他给我看，"你喜不喜欢？""很棒，谢谢你。"我拿回相机松了口气。"请问你有一块钱么？"大叔问。看来他果然是流浪汉，美国的流浪汉，有逼你要钱的，有天黑了会去抢的，也有随便你给不给的，看来我碰到的是个好人。"不好意思，我没有。"我略带抱歉地说。"没关系的，但是这张照片不错吧！祝你愉快！"他笑着告别了。"你也是！"我挥了挥手，真是个可爱的人。是的，向路人讨钱又有什么关系，给不给是你的自由，无伤尊严，无伤友情，并不妨碍一个人独立被他人看待的权利。

学校还有健身房，跑步机、踏步机、瑜伽垫、哑铃、健身球，各种肌力训练器械分室安排，定期有专门的教室安排不同的健身课程。专业游泳池和娱乐泳池是分开的，游完泳还可以顺便泡热水池澡。运动装备和擦拭器械的毛巾等细节也顾及到了。有人说美国人热爱健身正如国人热爱吃饭，真是一点不假。

NO.03
室友四人行：
那些琐碎烂漫的日子

回首来时路，让人难忘的，是那段时光，亦是相伴走过那段时光的人儿。

我内心总是庆幸和感激，初来美国能有这么三个可爱的室友。

● 我们四人同进同出

言是个标准学术范学长，总在研究怎样把自己的电脑配置升级到无比强大，典型的技术男，自然表露的行为也常让我们开怀一笑。宇做事会考虑得更多，在成熟的同时也在努力幽默着，说话比较直接，但心肠挺好，我们慢慢习惯了他的风格。言和宇合住一间大卧室，两个男生的风格大相径庭，这样安排在一起，互相之间话却不多。

至于月，她是典型的天秤座性格，开朗随和，做事总会顾及别人的感受，很好相处。因为同是女孩，家乡相距很近，成了我初到美国最要好的小伙伴。月和我们三个工科学生不同，学的是商学院里的技术专业，一心想早点毕业找到工作，在美国落下脚来，因而各方面都非常努力。

其他人总是惊奇，我们居然能四个人合伙做饭，这多难协调啊。言的朋友来美国久些，他跟我们说过："我们一般不这样做，大家吃的东西和量都不一样，上课时间也不一样，这样搭伙不太方便。"当时的我们，却很不以为然。朋友之间，互相迁就照顾下不就好了。月和我也常常庆幸，相比其他人家室友间的冷漠，我们家的气氛，真的活跃和轻松很多，四人的关系非常好，家里常传出笑声。

初到美国，四人基本同进同出，一起办银行卡，一起买吃的，一起做饭，一起聊天，一起去学校。

还记得开始家里没有网络，大家为了选课去附近的Panera Bread店外面蹭网。再后来，"快乐女生"总决赛，言和宇也应着我和月的要求，陪我们一大早坐在面包店外面的街椅上看比赛。我和月兴奋地讨论着谁发挥失常了，谁又是必然地拿了冠军，没想到在别国的土地上，还能在娱乐节目中嗅到故土的味道。

我和月同是北方姑娘，偶尔做面食犒劳大家。做过一次面条还不满足，想要弄点新花样，就烤饼吧。两人和好面，弄出了饼的形状，直接塞进烤箱，就开始憧憬美味了。

感叹于这迅速又充满家乡味的举动，饼还没熟，我和月就被自己想象中的手艺折服了。"月，没想到烤饼这么简单，美国居然都没卖的，我们以后还可以烤饼卖！"我兴奋地开始胡思乱想了。"是啊，可惜我们现在没法开实体店，可以在网上做外卖。"月紧随着我开始往下想了。"可是我们不能这样做吧，留学生不是不可以私自找活干嘛，好像是非法的！"我不小心想到了不乐观的一面。"对噢。要不悄悄地吧！"我两相视一笑。接着，叮的一声，烘烤时间到，打开烤箱一看，好奇怪的饼，好像和之前想象的不大一样。掰一块尝尝，似乎不太熟。看来，我们若真想开店，还得再改良制作工艺。

家里两个男生初去时都不会做菜，过了一个月却都可以喂饱自己了。言真是个厚道的学长，我和月上课不能按时回家的时候，他会默默地开始做饭，日子越久，他越来越热心地揽下了做饭的活。宇喜欢美食，自从在华人超市购进一批调味品后，爱上了尝试各种新菜品，自吃自夸，不亦乐乎。

我和月总是对着宇称赞言学长，"你瞧瞧学长，多好啊，知道我俩有事自己就准备大家的饭啦。"宇当时不以为然，私下也曾提醒我们，"跟你讲，这样并不好。你们不能依赖学长多做事，这样做的结果，就是我们未来会散伙，只能各自做饭了。"

"真的么，是你自己这样想而已。你懒就算了，还不许别人勤快。"我们反驳他道。就这样小吵小闹，开着玩笑，日子散漫地过去了。

有时我和月回家晚了，言和宇已经先吃过了，并特意帮我们留菜了。打开一看，是花菜炒肉，只是花菜的大花朵都不见了，盘子里只有白茎。开始时，我和月就大而化之地接受了，两人一边吃菜茎炒肉末，一边聊天，也很是开心。

后来吃的次数多了，实在想念花菜的花，不爽自己被不公平对待，就会去问两位男生到底是谁这么坏，把大花朵都吃完了。"我没有。"言坦然讲道。"你们下次早点回来啊，不然让我们怎么留。"宇并不在乎地讲道。看他那吃得圆鼓鼓的脸，就知道肯定是他干的。我和月知道他说话直接又爱吃，也只能接受了。只是，我们忽略了之前别人提醒过的，要互相迁就照顾，否则很难协调。没有努力去迁就照顾，也决定了未来有天，我们四人会散伙。

● 两个女孩的共同成长

月告诉过我，"想在美国找工作，开始最好做和技术相关的活。因为美国人不愿做，这样国际学生才有机会。这也是我为什么在商学院要学编程相关的课程。还有语言，也是要特别重视的问题。"

"是这样的道理。我们平时也要多练英文，在家试着用英语对话吧。"我特别同意月提醒的。就这样，我俩试着在家说英文，虽然被两个男生笑，也不配合，但还是坚持说了一天。

学习方面，我俩也很努力。同是一学期选了五门课，我和月的时间表就特别挤了。她是夜猫子，晚上学习效率奇高。而我想要作息健康些，坚持午夜十二点一定要睡着。即使再忙，我大不了从十二点睡到两点，再起床学习。

我们看似不能并肩作战，却开始了接力赛。月常常学习到凌晨三四点，然后叫我起床，最后再去补觉。等我从凌晨三四点学习到上午的时候，又该去叫醒月了，是她去学校上课的时候了。这样的日子，虽然缺少睡眠，却因为有朋友互叫起床，互相督促提醒，平添了丝丝温暖。

不能只学习吧，我们也设法腾出些课余时间。为了塑形和扩大朋友圈，我和月在去健身房之余报名了拉丁舞，这样至少会认识舞伴吧。没想到班上人不齐，后来只能我们二人组队跳舞了。我们只能自嘲小心思破灭了。但有了这点坚持，也算是作为女生关爱自身吧。后来，也确实结识了新朋友，来自英国的可爱胖女孩凯特，和我们聊天，练了不少口语。

月快过生日了。我和言、宇提前商量着要好好庆祝下，给她惊喜。三人第一次找到附近的蛋糕店，订蛋糕也算是我们这段时间做得最奢侈的一件事。平时总是在一起，为了做这些事却要背着月。我们费心编了好些借口才达到目的。买来蛋糕藏在冰箱角落，按预先商量的，派宇去地下室关掉电源总闸，我和言点好蜡烛捧着蛋糕唱生日歌走出来。

月很开心，也偷偷告诉我们，"你们三个行为反常，我早就猜到啦。"天秤座的情商不可小觑，我们这点小心思，看来是没瞒好。不过想来，月的心里，一定是感动的。

自制生日晚餐过后，又是四人齐聚客厅玩游戏的温暖时光了。我们轮着表演节目，用手机翻着网上各种有趣的游戏……

"轮到月了，你要用身体摆出0-8的数字造型。"宇在一旁念着手机上的最新发现。月穿着她可爱的睡衣，努力扭曲着自己的胳膊、腿和身体只要能扭曲的地方，把自己挂在墙上，勉强摆出一个最难的数字5。月说这样做要丑死了，在室友面前也就算了，我们三人在一旁笑着，大度地答应你表演到这里就可以了……

游戏中，笑声中，我们暂时忘记了等待着的作业，实验室的项目，明天要准备的午饭，大洋彼岸那段回家的路……

再回想那段琐碎烂漫的时光，月勉强扭摆出的数字，还挂在脑海中记忆的墙上。

● "学霸"修炼攻略

我曾感叹，自己大学四年学到的东西，比不过在美国读研究生两年的收获。但这感叹，绝不是什么中美教育的对比。成长的收获，除了高校的客观条件，和你遇到的人、事、物，更重要的是自己想要努力向上的意识，都息息相关。况且后来细想，这样的感叹并不公平。正是大学四年在心智上的积淀和知识上的缺失，促成了我步入研究生院后的快速成长模式。

为了出国，无论是时间方面细查学校资料、联系教授的投入，还是金钱方面报名出国考试、邮寄各种资料的花费，对于草根家庭出身又还是学生的我，都不是轻而易举的。这个难得争取来的机会，自然要让它百分之百有成效。

我决定，研究生院的生活，不能像大学一样顺其自然，要最大限度地抓住每个可以学习知识、增长技能的机会。这两年的收获，一定要对得起当初的付出，对得起现在和祖国一切的暂别。

Straight A student（全A学霸）：学习带来的不是疲惫，而是成就感

学霸修炼，从修课开始做起。美国大学的课程，只要代课教授负责，绝对要让你从头认真学到尾。因为没有人能凭期末考试的高分挽救一门课的成绩，总测评会分配到各个阶段，从平时的家庭作业到期中、期末考试，有的课程还包括小组项目和随堂测试。所有的测评都占一定比例，因此想要学好一门课，尤其想要得到最后那个A，整个学期都松懈不得。成绩的确不能代表一切，但美国大学课程A的含金量，至少实实在在地反映了你学习这门课的努力程度。

为了达到最高的学习效率，我争取每节课都集中百分之百的精神听课、记笔记，课下马上把不懂的地方弄明白，绝不拖欠任何一个知识点。这样做也真有效，把精力平均分配到每节课，课下再补充少许时间、平时多思考、认真对待每次作业，学习效率就大幅提升了。因为真正学到了东西，考试前夕，只需将所学知识大致梳理温习，根本无须在考试周去图书馆抢座位，也可以轻松自信地拿到好成绩。

每门课的教学模式，也因代课教授而异。有的教授直截了当，所有的知识都会在课上涉及，只需认真听课便能掌握大部分知识和完成家庭作业。有的教授喜欢学生更多地去探索，只会在课堂上介绍一些基本知识和学习资料，家庭作业会提高难度，希望学生自己动手动脑解决问题。还有的教授，因为课程特点，布置作业比较少，会安排一些课程相关的项目，让学生以团队的形式完成。

不管有多困难，其实一切都是可以自己安排的。你可以选择合理分配白天的时间，可以选择把考试周的工作分配到学期里的每一天，给自己充分的时间吸收知识、从容应对。即使偶尔需要熬夜学习，也不会觉得太辛苦，而是一种付出了的成就感。

当你真心想要学习时，许多看似困难沉闷的东西，都变得有意义起来了。

还记得大学时候我一直没学懂的线性代数，当时每看到老师在黑板上写行列式，就不知道她为什么要这么做，直到学期末也没搞懂线性代数这种奇怪的数学形式究竟有什么用。

到了美国研究生院，我选了数学系的应用线性代数，决定这次一定搞懂线性代数，于是上课很认真地听讲记笔记，偶尔错过的地方，下课自己翻从图书馆借来的教材温习，再加上每周的家庭作业，我被一个个满分的作业鼓舞着，学得更起劲了。我发现线性代数不仅是一个有趣的数学分支，更被巧妙地应用在许多其他方面，比如设计算法、工程计算等。看着以前无法理解的知识，现在却如此简单优美地展示在眼前，并充分地在项目应用中实践，忽然感觉学习成了一件很幸福的事情。

也有的课，你会被教授的个人魅力吸引，更添趣味。

教我们统计预测课的教授已经年过70，我们成了他退休前的最后一批学生。他是统计学的权威教授，做过许多医学统计相关的项目。教授理论的同时，他给我们提供数据，教我们怎样用医学数据分析癌症病人的存活概率，让学生体会学以致用。他的年纪，积淀学识的同时，也积淀了不少有趣的故事。他说自己的许多项目灵感都是在棒球比赛中得到的，一起看比赛的朋友会问他能不能用统计做这个、能不能用统计做那个，就这样他竟得到了好几个项目。有次上课前，他先从网上找出一条新闻给我们看，是媒体就棒球比赛的统计预测情况采访他的一段报道，这个课前娱乐项目，不知不觉间也激发了我们的学习兴致。

另外一门关于编程的课，是我迄今为止选过的家庭作业最难的一科。这门课的教授，便是典型的只介绍基本理论，更多希望学生自己探索的类型。于是，每次家庭作业，至少要提前好几天开始探索，这也是唯一一门我因为家庭作业熬夜的课程。做作业的过程也许艰难漫长，但不知不觉间的成长，回过头来却让人欣慰。也是这门课，让从来不会编程的我意识到，以前编程的难题是被许多人妖魔化了，所谓算法的核心，其实可以分析得简单清晰。当你静下心来，将被别人渲染得难上加难的知识，深度透彻地剖析为能为自己服务的工具，知识转化为力量的成就感是无可比拟的。

以这样的态度和节奏，我圆满地完成了全部课程拿最高分（A）的记录。并非我从未失败过，偶尔单元测试或者家庭作业失误，我都会在下次以更认真的态度补足，坚持从头到尾不松懈地珍惜每一门课程的学习机会，回报和付出总成正比。

多元文化中的团队合作

美国学校非常强调团队合作，这一点也不假。有不少课，都是需要组队做项目的。这时的团队，最好不要出现有人浑水摸鱼的情形。正常的情形，大家会经常小组讨论、分配任务，每个人都会尽自己的力量完成小组项目。如果有人不出力，或者有人听之任之不发表意见，那么就会有可能被其他组员驱逐出组。美国人简单直接，他们对队友不爽大都会直言，也不怕翻脸。

这种团队合作，除了可以锻炼英文交流之外，也让我学会了怎样去适应不同的人、不同的情况。

当遇到过组里有人懒得做事的时候，导师给我的建议是，如果工作已经安排地足够详细合理，别人不做，你就去催着他，若连这也没有用，为了项目的利益，你就自己多干。月经常遇到这种情形，她会熬夜做完其他组员的任务，以至于每次分组时她都特别受欢迎。虽说以后作为管理人，这种事事亲力亲为的处理方式并不能得长久，但学生时期，月并不在乎，与其等其他人的被动耽误了团队的工作和自己的成绩，不如自己主动多做事。月多于他人几倍的付出，让她掌握了更多的技能，这点在择业时，给了她巨大的优势。别人在公司的候补人员单上被待定着，她已早早被选为当届第一批实习生中的头号种子选手。

团队合作的艺术，是从学校持续到职场的话题。和同学在课程项目上合作遇到的问题，后来也成了我职场面试时的问题之一。当我表明无论遇到何种团队问题，都会坚定地以结果为导向力争达标时，面试我的两位部门经理，露出了赞同的微笑。

高效利用图书馆系统

课余之外的学习，图书馆成了绝佳的资源。从专业书籍到文学小说，绝大多数都可以在图书管理系统找到。有些作为教材的图书比较宝贵，图书馆规定每次最多只能借两小时。这样的书，我就乖乖呆在图书馆看，或者用馆内的扫描仪把关键内容收集成电子版。

更好的办法，是从其他学校借书。美国许多大学的图书馆都有馆际借书合作。以我们学校为例，它是我们州所有大学馆际合作的一部分，也就是说全州的图书馆资源都可以借。凡是其他学校有的书，我可以通过网上系统申请借阅，没过几天，书就会被送到本校图书馆，还有贴心邮件通知取书。甚至本校的多个图书馆之间也可以资源转移。比如我想借其他校区的书，甚至本校区另一栋建筑里的书，都可以网上登记送到我们系的图书馆，这样就免得跑去另外一个地方取书了。自从发现了这个功能，十分钟步行距离的图书馆我都懒得去找书了，直接登记送到楼上工程系的图书馆，太爱这图书馆系统了。借阅学习资源，成了点击鼠标就能办到的易事。

图书馆里的硬件设备，也是非常完备的。刚来不久，我误打误撞逛进了其中一个图书馆的电脑室，发现居然出示校园卡就能进去，不必额外交费。

揣着好奇心进去，望着眼前一排排苹果电脑，铂金色加高大上的设计在亮白的灯光下格外耀眼，感觉来到了土豪的世界。学校的电脑都连了校内网，用学生账户就可以免费登录。一时间，我有些不敢相信眼前的奢侈。回到家，我马上把这消息传给了我的室友们。刚去时我们家里没网络，也都还没买电脑，图书馆的电脑室简直是救命的地方。至于工程学院的图书馆，电脑还特别配备了各种学校已经付费购买的专业软件，给学生做课下练习用。电脑室有24小时开放的，经常能看到学生们熬夜学习。

来美国之前，听大学时候的老师说美国打印很贵，一张纸动辄可能几美元。这是传说，这样的情况只针对去专门的高端打印店。

我们上课用的许多资料都是需要打印出来比较方便，难道要因为打印资料饿肚子么？不，学校已经考虑到这点了。比如工程学院的学生，每学期会有五百张免费打印和两百张彩印，毕业的那学期还可以免费打印和装订论文。此外，校园卡还自带了几十张的打印费。加起来，打印的免费资源真的很难用完。因此，课程课件我都会全部打印出来，扫描后的课本也会选关键部分打印出来，用于做笔记和随时学习。

疯狂学习之余，更疯狂地玩耍

课余时间，和国内大学一样，也有各种有趣的校园活动。

一天下午，我和言一起走路回家。学校后花园的草坪上，一群人兴奋地喊着口号。路过时，我俩被几个学生友好地拦住了。其中一个女孩问我们："我们在游戏比赛呢，你们想加入么？"这突如其来的邀请把我怔住了，我问："是关于什么的呢？""小型奥林匹克噢，就是玩些团队游戏，很有趣的！"女孩言语间透着兴奋，极具感染力。

刚到美国的我们，对各种新奇事物都有极大的兴趣，当然爽快地答应了。这奥林匹克游戏项目很多，都少不了美国学生特有的疯狂。有一个队的人围着小水桶用嘴叼水中小球的，有两队用手推车载着手拿染色棒的队友互相对染的，一场场玩下来我和言都有些体力不支了，其他学生还兴奋地喊着。我们被他们的团队热情感染着，也跟着疯狂了一把。

　　偶遇的校园活动之外，学校还有不同主题的俱乐部定期组织活动，包括攀岩、徒步旅行或者其他运动相关的比赛等。这些信息，有的会收到邮件通知，有的需要自己主动搜集信息。比如我有次收到邮件提及一位土耳其籍的研究生免费招收想学土耳其语的学员，爱好语言的我果断报名。感恩这样的机会，我不但接触到了新的语言和文化，还结识了一位很好的口语搭档。到了一个陌生的国家，在修炼兴趣爱好的同时，想结识有共同话题的新朋友，了解未知的文化并丰富自己的课余生活，参加主题活动是很好的选择。

　　校园疯狂还有更让我吃惊的一面。我未曾见过，是从月口中听说的。那天晚上，月下课后回家，兴奋地跟我分享："天哪，我今晚下课往回走，路过操场时，一群没穿衣服的人在校园狂跑，吓死我了！"我来了兴趣："真的么？是什么都没穿么？"脑海中忍不住勾勒一群人一丝不挂在校园奔跑的新奇景象，他们又何出此举呢？月补充了句："女生穿比基尼，男生穿内裤，跟裸体没啥区别！"我们相视大笑起来。后来了解到，这个活动叫Go Naked(裸奔)，是学校临近期末考试的特色活动，学生以裸奔来释放学期末的压力。在校园草坪穿比基尼晒太阳的我见过，但一群学生裸奔的情景，我还是初次耳闻。

　　不知道这次裸奔真有效么？如果有下次，我要报名么？心里想想都乐了！

第四章

修炼是含泪奔跑后的超脱

找一个强者知云的环境，即使最初自己经历都不是，只要愿意经历千锤百炼，定能达到这个环境的配置。

NO.01
寻找一个逼我成长的地方

● **下一站，目标**

20岁时，我一人来到美国。当时的我，暂时抛开了离家的哀伤，结束了大学三年多的爱情，清楚地思考过自己过去的人生，发现最大的遗憾，是没有将自己的专业学精。有时跟别人说我是机械系的，看着人家一脸惊叹直呼好厉害的专业，心里止不住地不好意思。

站在那个人生转折点上，我看到了未来的两个目标。一是发展自己理想中的职业并为之奋斗，积累所有需要的知识和经验去达成它；二是期待真正能和自己携手一生的另一半，曾经我以为找到了，既然心碎着顺其自然地失去了，我相信远方会有下一个缘分。

缘分是不能刻意而为的，但职业规划是一定需要刻意建立的。于是，我将所有的精力和心思，都花在第一个目标上。我不知道未来是否有机会去做自己喜欢的事情，但我确定：自己选的路，一定要尽最大的努力走好它。所有的努力，都不会白费。

● 锁定硕士导师候选

初到学校，是该开始规划学习的时候了。作为研究生，首要任务便是找研究导师。当时的我，并不懂得导师对学生的影响会有多大，心里想的，是找一个自己比较喜欢的研究方向，跟着导师做好自己的毕业项目即可。直到我开始找导师，眼光便迅速聚焦了。

那个初秋的晚上，家里的网线还没拉好，我和室友们背着电脑来到 Verizon（美国的一家移动通信运营商）店前蹭网。坐在店前的街椅上，我开始搜索未来导师了，室友们也在一旁时不时瞅瞅，帮我出出主意。

我仔细浏览了系里教授的介绍页面，排除了自己不喜欢的方向，剩下的名单很短。其中，有一位 E 教授尤其显眼。我并不太懂他冗长的出场介绍——这个州的荣誉学者，学校的杰出教授和某方面的主席，某个机构的主任等头衔，发表了许多篇有影响力的论文，手头有几十个专利等事实，全部化成了我那句苍白又望尘莫及的感叹："哇，好厉害！"我真正稍有意识的，是他实验室的网站。网站上有着上百家合作企业，包括我熟悉的"保洁"，知名汽车企业以及其他许多陌生的名字。这些企业，都是和他的实验室有过或正在合作的。

我正望着这五彩斑斓的企业商标界面发呆时，宇凑了过来："哇~，这么多公司。选这位教授吧，跟着他，以后找工作不用愁了。"说着宇也打开了这所实验室的页面浏览起来，挑出它各种显眼的好处，好心地向我游说起来。

宇是我们之中唯一的博士生，但他一直秉承的想法是找工作才是正道，所以这家实验室和业界的合作，让他印象深刻，因此极为推崇。月是商学院学生，准备读一年研究生院就马上开始工作，这方面的意识比我们三人更为强烈。她平时很注重积累职场方面的经验，懂得实验室的合作企业对未来职场机会的意义，自然和宇站在同一战线。

言却和他们有不同的想法。他缓慢却坚决地说："可这位 E 教授是中国人。我觉得出国留学，跟一个外国的教授，尤其是美国本土的教授学习，收获会更大吧。尤其你可以更多地了解美国文化。留学不就是为了更好地找工作、生活和开阔眼界嘛。"

他的话，正中我内心最关心的点。我所期待的成长，是综合性的，找工作只是其一。为什么要选大多数人都认同的？难道对找工作有用我就一定要选？所以言的一人之言，听起来简单易懂，却让我意识到要去考虑他所提及的因素。"同意你说的呢。我再找找外国的导师看看。你有什么推荐的么？"我顺着言的话问道。

"有啊。今天下午我们开会的时候，有个 T 教授，就蛮有味道的。他不同意另外一个老师的观点，就一定要站出来解释。我感觉他人很随和，也很有意思，建议你可以考虑看看。"言说起这位 T 教授满脸笑意。

我被他描述的人物特性吸引了，有意思的人我最喜欢了，改天去瞧瞧。

就这样，那晚，室友们的建议掺杂着我的个人想法，我将最后目标锁定在了 T 和 E 两位教授身上。他们定然是极为不同的两个人，此刻我也不知道怎么做出一个比较适合自己的选择。然而，一旦见面细谈，想必就会有答案了。

● 当面拜访后我做出了选择

第二天，我早早跑去学校找教授。那个时候，还不知道见教授前最好先发邮件约定时间，因寻答案心切，就没多想直接冲去办公室了。

按照网上的资料介绍，我先找到了 T 教授的办公室。门紧锁着，敲了几声没人应，想来是不在的。一晃眼，看到了门口贴着的 T 教授的联系方式，居然有手机号码，高兴地记了下来。

直接拜访无果，我决定给 T 教授打电话。想了想自己要说的，花了几分钟组织语言，我鼓足勇气拨通了刚才记下来的号码，紧张地等候着电话另一端的回应。滴滴声之后，居然没人接，我被转到了语音信箱。不甘心居然连人都找不到，就决定留言了。于是，我将刚才组织好的留言，飞进了 T 教授的语音信箱。不知道他会不会听，不过我能做的只有这些了。

　　紧接着，我又去找E教授，上一层楼，在拐角处看到了他的办公室。办公室门口，还有他的实验室标志以及合作公司的商标，看起来很高端。我再次尝试着敲门，还是没人开。那时候我还不知道教授不在实验室是常事，心里有几分郁闷。

　　后来，我分别给两位教授发了邮件，表达了自己的专业兴趣和想找导师的目的，希望在他们有空的时候能够约见。

　　没多久，E教授的邮件有了回音，但不是他本人。那个人说E教授不在，并告诉我具体位置，让我直接去找他。

　　约见我的人是D，在E教授的实验室做博士后，他帅气又绅士，也很有亲和力。

　　和D聊完之后，他带我参观了实验室，见了管理实验室的工作人员。亲身接触了这个地方，在和D的交谈中对它有了一定的了解，我多少明白了一些，大家都说好是有原因的，这确实是一个极有实力的实验室。

　　按照之前的计划，我还是要见见那位T教授再做决定。再次来到T教授的办公室，只见一个体型略宽的中年教授坐在桌前望着电脑，我敲了敲开着的门，他抬头和蔼地笑了。

　　"你好，你是给我留言的学生吧，请坐。"T教授言语间的友好部分消散了我的"师长恐惧"心理。

"是的，我是新来的机械系硕士生，想和您聊聊找导师的事情。"我讲完坐在了他的对面。

"很好。我的研究方向是控制理论，比如……"T教授一边说着一边从电脑上找出一些例子来介绍他研究的问题。

他解释得很细致，以至于我顿时联想到了大学时代《控制理论》课本后的习题，兴趣渐渐被浇灭，脑袋开始犯迷糊。

期间，T教授还饶有兴趣地解释了一句："我做的东西，和E教授做的相比，很不一样，他们更偏向于工业界的应用。"

怀着一丝好奇心，我询问到："请问您的学生实验室在哪儿呢？"

T教授一脸和蔼地答道："我的学生大都是工作人士，他们多数不在学校，也就没有实验室了，我现在带4个学生。"

听到这，我内心的希望之火完全熄灭了。本是抱着体验异国人文的想法来了解这位教授，希望在他手下学习成长之余可以体验美国式的教育和互动。可T教授的情况和E教授相比之下，在科研方面显得太过简陋了。就成长而言，在哪里，能从同辈、导师和自己的科研项目中学到更多东西，答案已经很明显了。

后来我知道了，T教授是系里出了名的对学生友好、要求不苛刻、选他的课很好拿A的教授，因此被众多学生抢档期想要争取去自己的答辩委员会，他也一直很热心为学生服务。他的重心，已经从科研偏向管理了。

那天离开后，内心已经不再纠结。既然自己只准备了两个选项，显然亲身试过之后偏向了E教授，那么就按照D先生安排的，成为他们实验室的新学生吧。

在那个偌大的实验室里，希望我能以最快的速度成长，能尽快变得专业起来，能为眼下唯一的人生大事——未来职业，打响第一炮。

NO.02
三个月，要么证明自己，
要么离开

● **我要非常积极，才能得到临时的一席之地**

认定了加入E教授的实验室，眼下的学习生活就变得极为简单直接，没有任何纠结。

上课之余，我常会按之前D先生所说，跑去E教授的实验室学习。空有成为这实验室一员的目标，我内心其实并不明白应该如何开始。但我认定：多去实验室，久而久之，一定会看到契机。

初去的我，没有自己的桌子，临时坐在一个还未回来的学长的座位。我旁边的新生，来之前已经确定了E教授做导师，算是正式的弟子。想和他聊几句，却发现这个男孩羞涩至极，也不喜说话，整日坐在电脑前查文献。于是我只能默默地做自己的事情了。他叫实，出乎我的意料居然是天秤座，偶尔听他谈起自己的经历，大学毕业去了欧洲读书，那些年的岁月潇洒至极。

过了几日，我发现有些不对劲。实验室会有人负责给实习生安排要学习的资料，却没人会过问我在做什么。这样下去，在这个本就没有归属感的实验室，我只是占用了一席物理空间而已，离最初的目标，会渐行渐远。

现在这个地方，没有一个人是我的学长学姐，没有同届的同学交流，我甚至没有大门的密码，别人不在我便没法进去，引我过来的 D 先生也不常出现了，E 教授至今也没见过，我时常有种身在他乡的感觉。可是，我还是硬着头皮一日日坚持，厚着脸皮一日日去坐别人的桌子，心里抱着希望，有天这种异乡感终会消失。

终于有一天，我见到了传说中的 E 教授。一个平常的中午，吃完午饭回到实验室，便有人播报 E 教授回来了，要见新生。于是我们被挨个召见。他的时间很紧，我们每个人排到十分钟，算是难得至极。

我的十分钟，是和另外一个美国学生共享的。E 教授接见我们时，十分之九的时间，是在展示他实验室的实力。我们唯一的互动，是他问了我们："你们知道我做什么的么？"当时的我们没有太深入的了解，讲出了实验室官网上的几句宣传语。

E 教授其实并不在意我们的答案。提问之后，他继续自己关于研究方向的演讲，滔滔不绝且字字有力。学术界条条框框的叙述，到了他的口中，全都添上了激情和生命力，听众实在难以不被感染。

直到谈话结束，他留给我们一句话："多去了解下实验室的项目吧，我们以后再谈。"

抱着这个虚无缥缈的结束，我感叹着 E 教授的气场，听着他的话开始研究实验室的过往项目。

没有人安排学习资料，我就主动去问前辈们。他们或者开朗地答应，或者顾忌地询问别人自己可不可以向外人分享某些资料。这些，我都试着不放在心上。被当作外人又怎样，我尽自己的努力，去学习一切他们可以跟外人分享的东西。心里暗暗使劲：总有一天，我会成为这其中的一员。

这条争取归属感的路，从一点一滴的小事开始。

有次大家都出去了，我被锁在门外了。等到有位学长回来，我硬着头皮问他："请问可不可以告诉我这道门的密码呢？否则没人的时候我会经常被锁在外面。"他迟疑了几秒，带我来到密码门前，说："看着啊。密码很简单的，记得不要告诉实验室之外的人。"他随之按下了一个规律的数字组合。"我会记得的。"我小心地答应了。感谢他迟疑之后，没有拒绝我的要求。这个密码，对我而言，不仅是数字，能够不靠别人走进那扇门，算是一个小小的开始。

紧接着，我临时坐的地方，主人回来了，我也随之被安排了一个真正的座位，可以把自己的东西留在桌上，算是有了真正的栖身之地。

● 世上的事，最怕认真二字

实验室的新生培训开始了，我虽不算他们实验室的新生，但这段时间的积极大家看在眼里，也把我纳入了新生的名单，安排进了培训环节。

名为培训，其实是给资料自学，要求在每个星期重做一个过去的项目并在组会上做报告展示结果，算是对自学能力的考验。原本的培训，在我的眼里，演变成了一场竞争，也是我必须展示自己的机会。既然我不算新生，就必须做得比新生更出色，才有可能被认可为他们中的一员。

培训考核以周为单位。每周一发放培训资料以后，我便会课余时间尽可能多地学习和研究培训的算法，钻研过去的项目，恶补编程知识，搜集有关资料，努力完成这周的考核任务。

还记得第一次考核组会的前一天，我在实验室编程到晚上十点多，只剩下另外一个伊朗学长还留着，其他人早已走光。

即使那时住在学校附近最不安全的南边，晚上回家极危险，我仍然因为求胜心切，用功到很晚，终于做出了一个我自己也不知对错的结果。肚子咕咕叫着，一点没敢耽误地一路跑回家，真怕半路冲出一个抢劫的。直到终于回到家，才敢停下来歇口气。

我的室友们早已回家，大家都知道出于安全考虑晚上绝对不可以单独出行。

"我们等不到你，还想着要不要去接你，给你实验室打电话，有人说你刚走。终于安全回来了，以后别这么晚了。"室友操心地叮嘱我。

"嗯，我跑回来的，吓死了。"我喘着气答应着。

回到温暖的家，泡上一碗牛奶麦片当晚餐，急忙跑进卧室继续工作。

那个晚上，我从十二点睡到凌晨两点，从床上爬起来准备组会报告的幻灯片。我顺着自己的思路和对算法的理解，每一页都用心做，终于在天亮的时候完成了。自己在家练习了做报告的演讲思路，便抓起书包直接去上课了。

到了期待已久却又让我生畏的组会，这次不再是作为旁观者去倾听学习，而是新生展示和报告培训结果的日子。对我而言，更是必须表现自己的机会。对于自己的结果，我不知道会是什么样，但我只能尽力做好了。

轮到我时，刚开始讲算法没多久，就成功吸引了大家的注意力，接着就有位德高望重的学姐拍桌子了。她拍着桌子略微伸展下身体，兴奋地评论道："讲得太好了！"我吃惊地停住了，心中却免不了欣喜。

是的，这正是我期待的反馈，对得起我熬过的夜，苦学过的资料和恶补过的编程技能。也许，是因为我喜欢把事情简单化，也使得我讲出的算法思路十分清晰，而透过数学问题本身去看算法的意义，成了这位学姐看到的闪光点。

开始便受到鼓舞，给了我自信和讲下去的勇气。报告顺利进行，实验室的前辈们提了问题让我解释。总而言之，大家对我的成果看来比较满意。

我静待着，从其他新生身上学习。另外还有两位同学，其中一位早在大学时代就跟着E教授做项目了，言语间透出的放松让我羡慕。最后轮到实了。平时话并不多的实，可能是深藏不露的高手，想到他还曾留学欧洲，定然有几把刷子。实一开口，我被吓到了。或许是他羞涩的性格所致，磕磕巴巴的英语显露出的紧张，报告材料上生搬出的毫无生气的公式——要么是他没有用心准备，要么是他完全没理解培训内容，一切都在会议室里营造出一股尴尬紧张的气氛。

我正为实感到不安时，刚才的学姐发话了："这样做报告是不行的，你一定要体现出自己的理解。把你的代码拿出来看看。"实亮出了自己的代码，还是讲不清楚解决问题的方法。

庆幸的是，学姐选择了鼓励实："我能看得出你编程的能力很棒。"话音一落，我赶紧抬头抓紧看一眼大屏幕上的程序，可当时的我初次接触编程，实在看不出其中奥秘。

"下次你注意做报告的时候不要照搬公式，要讲出自己的思路才好，否则听来无聊。"学姐的话一语中的，实在而仁慈。

这是实的第一次出场。有的事情，也许从最初就注定了的。实的不善交流，也许前几次会成为别人体谅和理解的借口，但时间一久，别人免不了认为他的能力仅限于此，就此定格了对他的印象。于是没过多久，实就极少出现在实验室了，他成了我来之后第一个被淘汰出去的学生。

那天的组会之后，缺少睡眠的我仍在兴奋着，无法静心补觉。大家的反馈，让我尝到了用尽全力去做一件事的甜头，尽管我的结果不一定对，尽管我对之有着疑惑，但真正认真地去学习和研究之后，结果已不是最重要的，因为你付出的努力，会以各种方式闪现它的光彩。

● 你要证明给我看：你值得被留下

然而，我渐渐从前辈们口中得知，大家认可我的能力并非是最重要的。我的去留，最后只在于E教授的一句话。因此，得到E教授的首肯，才是最后的关卡。

E教授事务繁忙，经常因实验室的项目出差，难得见他来实验室。我被他的威严震慑，有些不敢接近，却不得不鼓着勇气在他回到实验室的时候提前预约时间。如果连交流都没有，又怎么可能赢得首肯？首先，我要给他留下印象。

终于迎来了E教授的回归，我在他安排和学生见面的日程表上登记了自己的名字，预约到珍贵的半小时。

和之前与T教授的见面一样，我带着简历去了会议室。可这次不同，赢得他的认可是我眼下唯一的出路。这个集体的优秀卓越，让我生畏，也让我更加向往。这次会面的重量，非同小可。

在那个充满光亮的会议室里，我拿出了当时黯淡无光的简历，可此时却无处躲藏。

E教授快速地扫了一眼，突然冒出一句："我觉得你接受的教育很好。你的大学我知道，现在的知名企业XX就是你们学校的校友。"我在心里默默感激，那个曾经的学长现在的CEO为如我一样的学弟学妹们争来些许并不属于我们的荣耀。

"是的，他就是我们系的学长。"除此之外，我实在想不到说什么。

接着，E教授用手中的红笔勾出了我简历上的一个软件名XX。"你会用这个？"他饶有兴趣地问。

"是的，本科的时候用过一些。"我答道。

"这很好，你跟着我的学生先开始学习这个。去帮我把何叫来。"E教授顺手打开门，冲着外面下了一个小命令。

没过几秒，何也进来了。

这不是我第一次见他。一个帅气又沉默的学长，奇怪的是，每次在楼道碰面和他打招呼，却总被他在我看来有些诡异阴沉的眼光冷冷回应。有了几次经验，我便只和他陌生人般地擦肩而过了。没想到这次，他成了要带领我学习的人。

何礼貌地问候了E教授，坐了下来。E教授开始安排工作："你带着这位新同学学习，指导着她做些东西出来。"

接着，E教授转向我，坚定潇洒地说："你想加入我的实验室？好啊。可是，你得证明给我看你值得。给你三个月的时间，做出成绩给我看。在这个实验室，我们只用实力说话。"

这句话，让我兴奋了许久，因为终于有了期限和努力的方向。也让我纠结了许久，因为做出成绩这句话背后所指的宽泛，其实是个太难界定的范围。

E教授接着解释他所说的以实力说话："三个月时间，是你的评估期。你能做好，便成为我的学生，在我这里工作。你做不好，便被解雇。所有人都是这样。何，你做不好，我一样解雇你。"

E教授说完最后一句话转去看何。何笑呵呵地缓解气氛予以回应。

"别笑。我不是开玩笑。你做得不好，我就解雇你，明白？"E教授严肃了起来。

"明白。"何只好收起自认为可以缓解气氛的笑，给出了言语上的回应。

"好了，现在目标明确，你俩可以走了。"E教授挥了挥手。我们先后走出了会议室。

三个月的挑战，从走出会议室的这刻开始。我心里憧憬着，借着新生培训多学点东西，跟着何好好学习做出些成果。三个月之后，我期待的归属感，希望可以牢牢握在手中。

这三个月，如同又一场持久的套磁。不同的是，这次我有面对面的机会，有更多资源可以探索，有实在的事情可以做。当然，这次的挑战，和隔着屏幕发邮件套磁的难度，已不可同日而语。

NO.03
不是故意赶你走

欲达目标，路途中最艰难的部分，不是去目的地的技术困难，而是一路上难免遭遇挫折时，抛开委屈、抱怨和不快，修补快被消磨殆尽的耐心，不忘初心，不停前进的脚步。

对我而言，这个"三月挑战"，便是如此。

跟随新生培训不间断地学习，因为实验室的前辈们工作繁忙，我们只得少借外力，发掘自身潜力去尽可能多地理解新知识，却也同时锻炼了自学能力。无论需要牺牲多少玩乐时间，无论需要对着疑惑点苦思多久，最后的成果，总是甜的。

可是，我给自己上了枷锁。这枷锁的标签上，赫然写着"你不属于这里"。

越是这样想，当类似的人或事偶尔提醒我这点时，内心的安全感，就坍塌得更为彻底。

一个平常的组会，大家按照惯例汇报和交流工作。其他新生们偶尔会理直气壮地说这星期有考试或者课程太忙，培训的学习进度慢了一些。尤其是同组的美国女孩，配上一口流利地道的英文，连借口都变得悦耳起来，也常被实验室的前辈们接受。

而我，知道没有安全伞的庇护，从来不会允许自己因为课程或者考试耽误实验室的事情。

我把课程与实验室事宜分得很清，因为我知道老师和前辈们并不那么关心你的课程进展，而更在意实验室的工作是否完成了。所以，为了修好课程争取全A，我尽量在上课时间全力集中，尽可能消化全部知识，不懂的地方下课马上请教老师，这样课后只需要花最少的时间做完作业。平时学扎实些，考前只用一两小时复习，就能用最少的时间达到最好的效果。所有节省下来的时间，就全用来做实验室的工作。这样一来，基本不存在其他事情影响工作进度的情况。

类似的借口多了，前辈们会在组会上提醒新生们不要因为课程影响实验室工作进度，我暗自庆幸自己看到了这点，也在避免出现这种情况。

这些借口，有的人可以找，我却最好别找。虽说考核的决定权在于E教授，可前辈们的反馈必然会有影响。我小心地向前走着，小心地维护着形象，朝着那个依然遥远的归属，小心地憧憬着。

即使如此，偶尔还会天有不测风云。

组会结束，一位学长叫住了我。他叫瑜，来实验室四五年了，英文表达各方面都优秀，时常充当指导新生的角色。

之前有次，他提醒我该及时和老师约见，谈谈我在实验室工作的事宜。他本可以把我当作外人，像其他许多人一样别去理会太多，但我领会到他在帮我，心里很是感激，于是写了封邮件友好地表示感谢，并在邮件最后附上了一个笑脸的符号。

第二天，瑜来到我的办公桌，半严肃地告诉我："和实验室的人通信，邮件里都不能使用笑脸之类的不正式的表达，我们要专业一点。"这样一个问题，被这样一位已经被我认定是大好人的学长指出来，我感到更多的是尴尬。

在瑜面前，本该是他同事的我，在一个不合时宜的时间。似乎做了次不懂规矩的小孩，而我以为这个冰冷陌生的地方为数不多的温暖，也因为这次尴尬，让我不再敢靠近。

其实瑜是个好人，喜欢开玩笑，严肃起来也让人不敢造次。但这最初的小插曲，让我在未来的日子里都不由地远离了他，总记得他摆出的理由，作为实验室的同事，没法在生活中拉近距离。

不知这次和瑜的谈话，又是什么事呢？我想了想，最近没犯事，想到没有因为课业耽误实验室培训进度内心还略有沾沾自喜，想来应该没什么坏事。

就实验室的事情，简单闲谈几句之后，瑜说出了他谈话的重点："你也看到了，现在组里的学生都陆续结束实习回来了，我们还有新的本科生来实验室学习的，所以实验室位置有点紧。"

　　的确有发现开会的时候越来越挤，也有系里的本科生常来实验室学习，美国本科生愿意读研，可以早点学习上手做项目，实验室是非常欢迎的。相比我们这些追着想找导师的国际学生，美国学生无论在语言方面，还是自我表达上都胜过一筹。

　　听到这，我感觉到有种不详的气氛在向我靠近。

　　直到瑜开口讲："我不是要赶你走。只是加了你的座位，这样一来实验室办公桌可能会不够。我只是提醒你。如果你想的话，你还是可以有自己的桌子。"

　　感觉到一块巨石稳稳地砸在我的头上，我脑袋蒙到不敢相信自己的耳朵。本以为没有归属感只是我自己敏感所致，也被我用来作为鞭策自己的动力。

　　此刻我听到的，是一个事实的叙述。你不是我们的人，所以我们空间不够时，你就得走人。

　　若这是出自一个平时我就不看好的人之口，也许我会心里默默不屑一番走开，可被瑜说出口，我就当真了，原来我到了要被扫地出门的份上。

　　不就是一张桌子么，为什么我这么努力，偌大的办公室，却摆不了我一张桌子？

　　没有时间自怜，没有时间反应，我不知如何回应，别无选择地答了句："好的，谢谢你提醒。"

"我再说一遍，我真的不是要赶你出去。"瑜似乎想给些心理安慰，补充了这句。

可"不是要赶你出去"，这几个被重复的字眼，现在听来，不仅个个刺耳，更像一根根细针，无意落在我柔软的防御细胞上，无声地隐隐作痛。

那段时间，培训之余，我想要努力学好E教授指定的XX软件。面对一个空白的开始，除了在网上搜各种软件、资料之外，实在没有其他更好的办法。

这个时候，我想到了何，E教授指定让我跟着学习的人。考虑到他平时也很忙，不是没有其他办法我尽量不去打扰他。走到何的桌前，我低声问他："学长，请问可以指导下学习方向么？E教授布置的事情我不知道从哪里开始着手。"

他面无表情地回答道："不要着急。就从基础的一点点开始。"看得出他不想多说，我只能知趣地离开。

就这样，日子一天天接近三个月的最后期限，我自己折腾进展实在缓慢。

后来还是硬着头皮找过何几次，他的回答并无二样，只是加了越来越多的不耐烦，"跟你说过了，先把软件学好，别老想着做什么成果出来，好好学软件就是了。E教授的事你不用担心。"他笑着敷衍过了内心焦急的我。

是的，我担心时间到了自己却做不出成果，E教授考核我的时候，我总不能说何告诉过我只要学好软件就行，一切最终还是要自己负责。

"能不能布置点简单的程序让我用这软件编编看呢？我这样一味学而不用，掌握不好的。"我压着对何态度的不爽请求他。"没什么简单的程序。你去找实吧。看看人家怎么学的。"他继续漫不经心地打发了我。

这样几次之后，我再也不去找何了。起初，我抱着尊敬学长的心态，告诉自己少浮躁，就听他的先学好基本功。也许在他这样的高手眼中，我的举动有些急功近利，是他所反感的吧。可他两个多月一如既往的冷漠观望态度，加之我能看出他偶尔还会去主动帮帮实，却从来不会主动和我讲话，渐渐地改变了我对他的态度。

投之以冷漠，报之以冷漠。尽管我知道，最后受影响的只是我，却只能固执地这么做。

看何会和实验室新来的男生开开玩笑，似乎很聊得来的样子，我想他也许只是不愿意和女生讲话吧，无论什么原因，日子久了我就不去在意他了。

后来，当时看着和何聊得投缘的新生告诉我，其实何就是不愿意帮助别人，性格也很奇怪。他能力很强，最后却因为不善和他人合作，撒过谎被发现后，同样被淘汰了。在他的去留发生变故的那段时间，那些曾经偶尔会一起和他谈笑的人，没有人去安慰或者支持他。因为不是朋友，大家对他的离开，都如他当初一样，冷漠地观望。我虽不喜欢他，只是想着和他少接触就好，却不忍心看到这样的结果。于是他人对何的冷漠，也让我觉察到丝丝寒气侵身。

瑜的被淘汰事件是后话了。但在那天，瑜的闪电提醒，和长久以来在何的态度中积累起来的冷漠，加在一起，使我泪表到了极致。

那个周五，我破例早早地回了家，不想赖在那个实验室。我赌气想："既然要被扫地出门，我不去就是了。"

抱着这股郁闷，我破例给了自己一个不工作的周末。腾出时间去思考，自己真正想要的东西，真正喜欢做的事情。我开始思考其他可能性，过去那些被我放弃了的东西，那些我一直想做却没有做到的事情。不用去面对那个冰冷的实验室，世界似乎都变得明朗了。

知识变现：在美利坚土地赚到第一桶金

● 遭遇冷漠，我想去走一条有阳光的路

我拿出一张白纸，想把自己此生最想达到的目标列在上面。

这是我从网上看到的一个关于如何理清自己人生目标的方式。思索了许久，上面只剩下"希望家人开心"这一条。

这才发现，自己这一路走的，看似有目标指引，却并无什么真正的方向。20年了，我仍未找到人生的意义。

抛开近来劳心的事情，静心想想，只要生活开心，我并不在乎自己是否能加入一个实力很强的实验室，是否能得到有些人的认可，是否能在哪个行业真正立足。而我的家人希望的，也只是让我开心生活而已。想通了这件事，我再一次回到了当初申请学校时让我纠结不已的那个点：申请语言或者文学专业的学位。

我默默寻思着：现在既已来到美国，可以自己联系老师，甚至直接约见，跨专业申请应该会容易一些。如果我真正像现在这样拼尽全力，也许还是有可能申请到文科专业奖学金的。我对自己在文

科方面的发展充满信心，如果我能在自己不擅长的专业做到优秀，有什么理由会让我做不好自己喜欢的事情呢？

抱着这重新燃起的蠢蠢欲动的希望，坚定于内心几个月的一定要进E教授实验室的念想，突然不那么强烈了。想到另一个可能的未来，突然忘却了这个地方带给我的所有不快，未来又开始隐隐发光了。

我粗略算了算时间，下个学期开始退学，准备下新的申请材料，还是可以尽可能快地成功转专业。

这一想法，我首先告诉了我的室友月。月总向我建议"要去学美国人不愿学的知识，做他们不愿做的技术活，才能在这个国家找到初始机会"。对于此事，她第一个就反对了。"这想法太不切实际了。你知道吗？等你一退学，学校马上会发现，你的I-20（学生身份认证）马上会过期，你就必须离开美国，别想留在这儿申请其他专业了。"

月的话直击要害。是啊，合法身份问题，是摆在前面的第一关，并不是我有退学的勇气就行。法律的规程，是勇气无法征服的。

月看出了我的情绪波动，体贴地安慰道："你现在累了，好好休息下，明天继续努力吧。你和导师约定的审核时间不也快到了么？"月说的有道理，我不情愿却不得不同意。

我的另外一个室友宇，虽没有分析什么利害关系，只说了一句："我觉得你做得挺好的，坚持下去吧。"

室友们的鼓励，让我感动又暖心，也让我想要逃避去追寻另外一个可能性的冲动，淡了下来。但学校里那个冰冷的世界，我仍不知该如何面对。

这种无所适从，不是因为别人的一言一行，而是长期的负面积累。很夸张的是，连每次打开E教授的邮件，我都会害怕，生怕看到自己不想看到的残忍。但因为他经常出差，我却不得不经常发邮件向他汇报工作情况，以此来获得存在感，提醒他繁忙之余别忘了这样一个还没被他接受的学生，别忘了我们之间三月审核期的约定。

这一切，让另外那个看似可以将我引去梦想之路的选择，像黑夜中唯一的一颗明珠，熠熠发光。

在外感受到的点滴冷漠和残忍，加深了我对温暖和阳光的渴望，也在慢慢削减我的防御力。

自从和bmp之间的感情结束后，经常收到他的邮件和电话。那些曾经的我会用心去读的邮件，直接躺进了垃圾邮箱。电话我也尽量不去接，或者冷冷地回应逼他不得不挂。我不能太过于感性，甚至不能听音乐。音乐给人遐想，音乐会轻易唤出感性，感性让内心变得柔软，心软会改变意志。偶尔点开一封邮件，坐在实验室里我会泪流满面，从卫生间整理出来后，意识到现在的自己根本感性不起。我能感受到他的痛苦，却必须一次次将自己的注意力转移开。

就是在那样的一天，学校食堂宽敞的大厅里，我的心情低沉至极的时候，阳光透过周围的玻璃窗倾泻一地，异常灿烂，让任何阴郁的心情都显得不合时宜。这阳光，提醒了我一件事：也许在这个地方，冷漠带走了我的阳光。可我只需要改变一下自己，另一个人的世界，就会有这么灿烂的阳光。一个人的一生，能有机会给多少人，带去难以替代的阳光呢？

一念之间，就是爱情。那阳光下心情低沉的一念，挽救了我们失去的爱情。那天晚上，我答应了bmp圣诞节飞去他的城市，面对面谈谈，给彼此第二次机会。

这样一个决定，唯一的隐患是，若是圣诞节出行，可能会和E教授约见的时间冲突，而且也只能申请到1~2天假期，我不敢轻易请假，怕会断送自己几个月以来的努力，因而纠结。

● 记得平等、自由，请为自己发声

圣诞节是美国最隆重的年度节日，就如中国庆祝春节一般热闹，只不过把节日活动染上西方色彩。

E教授通知过将在圣诞节左右安排和我审核约谈，却迟迟未告知具体时间。

临近圣诞节的一周，我和其他留学生一起，参加了当地教会组织的圣诞活动，安排在一位中年华人教授家度过。

这位教授的妻子来自香港，高挑美丽，做得一手好菜，许多中国留学生都很盼望参加在他家举办的活动，一大半原因就是为这美食。

夜色来临，教会的美国人组织大家外出在街上吟唱圣诞颂歌，感受节日气氛。

我没有出去，因为喜欢冬日的夜晚几个人围坐壁炉的感觉，和着外面的圣诞颂歌，生活瞬间变得轻松美妙。

这时，屋里只剩下组织教会活动的Maureen，教授的妻子Jane和我。

我们三人闲聊起来，她们问及我的圣诞假期计划，我如实讲来："我圣诞节有可能不休息，因为和教授约好要审核我这学期的进展，迟迟没有定时间。"

Jane动人的大眼睛透出几丝惊讶，问道："圣诞节不休息？怎么会有这样的事情？"

Maureen接着说："圣诞节是法定假期，每个人都要休息的。你是学生，不是奴隶，怎么不能休息呢？"

Jane坚定地下了判断："我觉得你的导师这样做是不对的，他是利用学生的劳动力么？你要学会为自己发声，维护自己休假的权利。"

听到她们讲这么严重的话，我慌忙解释道："不，不，教授并没有要求我们圣诞节工作。是我自己觉得请假不好，怕因此错过和他约定的考核。他还不是我的导师，我是想好好争取，读书期间在他的实验室工作，所以也算是我自愿放弃休假的。他也很忙，我不太敢让他安排具体的时间，才想着等他通知了能约见的时间，我再计划其他事情。"我不想让别人误解E教授，也不想让她们以为我是个默不作声任人摆布的人。

Jane和Maureen听后，刚才路见不平的情绪稍有缓和。

Jane耐心又确定地建议道："维护自己的权利并不代表你对导师的不尊重。你们是平等的，他有他的安排，你也有你的。我建议你写封邮件给他，告诉他你的圣诞节时间安排，然后请他按照自己和你的日程，来安排具体的约见时间。"Maureen很赞同Jane的建议。

这些话从她们口中讲出，显得那么开明又有道理。我突然意识到：尽管我自认为自己不是任人摆布的个性，也许并没有人想要摆布我，可我现在面对E教授，面对实验室唯唯诺诺的态度，甚至不敢点开E教授邮件时的担心犹豫，不正是在无意间把自己放到最底层，看作是案板上的鱼肉了么？

许诺过出门在外要自己照顾好自己的我，居然在短短几个月的挣扎中，丢掉了最初的从容和勇敢。

和Jane、Maureen天意间的谈话就这样点醒了我。让我重新变得勇敢自信，重新学会尊重自己的意志。

也是在那么一瞬间，我做了决定：既然那个归属感离我如此遥远，何必强求？我相信自己改换了文科专业，在自己热爱的领域工作，一定会做得优秀。就和E教授如期约见，给自己过去三个月的努力，来一个交代即可。尽管这个交代，和我当初风风火火预计的，是如此南辕北辙。

当晚，按照Jane的建议，我第一次坦然地发给了E教授一封请他考虑我的时间安排约见的邮件。E教授很快就回了，这样做真的没什么大事发生，而且就如此简单地知道了可以和他谈话的时间，我和bmp也可以面了。

许多个时候，人跨越不出的，是自己给自己画的圈。

平等、自由，首先是自己给自己允许。在积极正面的人文氛围中，没有人会因为你向往平等自由的举动，而大发雷霆。禁锢自己，才是我缺失快乐的致命原因。

和E教授三个月前就约好的审核约见，终于姗姗来到了。即使好几次想过要放弃，我仍不甘心三个月的努力落得个虎头蛇尾的结果，事先静心准备了要汇报工作的幻灯片，把所有我认为能赢得E教授认可的成果全部放了上去。

● 赢得挑战：你知道自己想要什么，并坚定能够做到

进了会议室，我如三个月之前第一次见他一样，恭敬地坐下，同时"师长恐惧症"又隐隐作犯。好不容易攒起来的勇气，在碰到E教授的强大气场后，正在缓慢地削弱。

E教授开口问："你一直说想和我谈。那你想谈什么？想要什么呢？"这开头直接利落，符合E教授的风格，却如一股洪水般，淹没了我搭建起来隔离保护自己的城墙。所有压抑着的委屈和不平，便随着这洪水，瞬间浮现出来。

我曾经想要什么不是很明显么？他是那个说定要三个月考核的发起人，现在他不记得了么？我在这个被当作外人的实验室，小心翼翼地边缘生存了几个月，最后却被质问我想要什么。

说心里话，潇洒一点，我什么都不想要。即使我没有改变初衷，真的也只是想要加入一个有实力的实验室，寻找更多机会。这愿望无理么？至于被这般质问么？

E教授的开头，使我觉得似乎是自己有求于人，又似乎自己要赖在一个不属于自己的地方不愿离开。我何苦这样对自己呢？

委屈从四面八方袭来，几乎快要化作眼泪掉出来，我使劲全身力气去抑制，勉强奏效了。

我不是个软弱的人，更不屑用眼泪博取同情或者逃避问题。虽是真心想哭，但不能在这个时候，不能在外人面前哭，必须要忍住。不开心的时候，委屈的时候，其实我是很容易掉眼泪的，这也是一种发泄。泪腺一旦释放过，心情就能更快释然。可我不要在别人面前哭泣，因为眼泪是自己不忍心掉落的珍珠，而在大多数别人眼中，你的眼泪，碍眼得轻如灰尘。心疼你的人，你不想让他们看到你哭。同情你的人，只是想帮你打扫灰尘，你该不屑让他们看到你哭。

极力压制着内心激烈的挣扎，我终于吐出了让自己纠结了许久的几个字："我要放弃。我不准备加入这个实验室了。"

以E教授的实力和自信，只有他拒绝人的时候，他大概没想到，我会给他这样的回应。

他的注意力，渐渐转移到了我的身上。我从来不是个很好的演员，所以尽量低着头，不想让表情走漏了心情。他看着我，饶有兴趣地问道："那你准备做什么呢？"

"我喜欢语言和文学，我准备去学这些相关的专业。"我的回答迷茫而坚定。

E教授许是听出几分我声音略颤的原因，讲话柔和了些，虽不再像开头那般充满洪水味了，但依然简洁有力。"你看，我觉得你这是不成熟的表现。我喜欢你的态度，你知道自己想要什么，并且很坚定一定能做成。我相信你将来可以做得很好。"E教授开始温和地传递正能量了。

接着，他开始证明自己的观点："喜欢语言文学，就一定要去学那个专业么？不。你知道吗？在我的实验室，你可以做的事情很多，甚至可以和语言相关。难道不可以把现在的专业和语言结合么？我举个例子，捕捉人讲话时的声波信号，数据分析之后，不是可以得到许多有意思的信息么？这也是一种结合。"

　　我想，E教授大概是不懂得我多么想要彻底离开这个专业，即使是这种结合，也是我不想要的。但他讲话流畅有力，我并没有机会也不知如何反驳，下一个问题就来了。

　　"你知道我是怎样一个人吗？"E教授笑着问。我的情绪平静了，此刻的谈话，也真正开始更像聊天了。

　　他想听到的答案，一定是特别的。我一时没有悟出，便直言："我不知道。我知道的只是您简历上的，荣誉学者、终身教授，知道你在这个领域的影响力很大。"

　　我的回答，其实并不重要。E教授听完后说："这是别人给的头衔而已。其实，我是一个很会思考的人。这点，是所有影响力的核心。因为会思考，因为懂人，别人才可能听你讲，否则谁会买你的账？"

　　我非常喜欢E教授的答案，能感觉到他是在真心地教导学生。一身外界加上的荣耀，根本比不得头脑里的智慧。会思考、懂看人，是最可贵的能力。

　　我内心的赞同，一定也被E教授捕捉到了。他终于将谈话推至了正题上："来讲讲你准备的内容吧。"

　　"您有兴趣听？"我疑惑自己都讲过要放弃了，他还会有兴趣听。但用心准备的东西，不让它落得毫无无用也是好事。

　　于是我开讲了。想到自己要解脱了，这个汇报做得无比放松、自信，我把自己三个月来所学的东西，所做的事情一一道来，自己都惊讶于期间的成长。我参与的一个项目，本来毫无起色，最后苦试了许久终于得出一个较为不错的结果。这也一直是我在审核前最担心的地方，但此刻想到已经放弃，便不再担心自己没做出满意的结果会怎样了。

　　以最放松的状态做报告，不用刻意表现什么，这种感觉太舒心了。

　　最后，就那个项目的结果，E教授提了几个问题。我一一如实回答。他也并未在意这并不出彩的结果，我也没把这当作重点，而是更多地去展示了自己培训期间做过的以前的项目，以及借此学到的技能。对于后者，E教授很是赞赏。他吃惊地问："这些你都学过了？会用了？"过去所有的努力，支撑起了这一刻的自豪："是的。我都学过了，可以独立用这些方法做项目。"

　　最后，E教授顺其自然却又掷地有声地做了总结："年轻人，你现在还不懂自己在做什么，也不懂在我这里你能得到多少成长和机会。相信我，只要你好好干，不会后悔今天加入了我的实验室。你知道现在业内最热的XX产业么？"

　　对于E教授提到的XX，我一无所知，摇头否认。

　　他找出电脑里的一则新闻给我看："XX产业和许多关键的安全

问题相关，而我们能通过专业的方法避免安全隐患，你知道这在未来将会有多大的影响力么？这是个好项目，我安排你跟着Ray学长一起来做。"

这一连串的安排，我已经无从插口回应了。

E教授接着指出了一个关键的问题："我会从下个月开始给你发工资，你去把John叫来。"

John是帮教授管理实验室资金的负责人。他进来之后，E教授下达命令："把她加进工资系统，我要开始给她助研工资。"John听命后马上打开电脑开始登记信息，申请提交到学校。

这一切发生的速度之快，我甚至来不及反应。

我们刚来的硕士生，有了奖学金已是万幸。现在即将有助研工资，每月突然多了将近两千美金的收入，说明我可以彻底经济独立，在美利坚土地上赚钱了。

● 目标达成，真的赢了吗

独立，是我大学毕业以来最向往的事情。经济独立，是其中很重要的一步。对我而言，意义非凡。离开了妈妈的怀抱，我现在终于有能力用自己的劳动为她做些事情了。

我没有拒绝这天上掉下来的财富，又一次，我因为经济原因，放弃了去文科专业读书的念头，像极了当初大学毕业的选择。

生存，永远是摆在第一位的。我无心去追求物质上的奢侈，却无法放弃这场生存挑战的奖励。更何况，随之而来的，还有曾经憧憬的许多机会。

我趁着E教授心情好，向他提出请假五天。按理这个月没有工资，我出去玩也会心安一些。他爽快地答应了。

带着这个好消息走出会议室，我脑袋里的反应依然慢着半拍。

我算是赢了这场生存挑战吧。可是，就漫漫人生路而言，我也是赢了么？

如果说一路上的险阻，都是为了拦住那些不那么想要达成目标的人。那么我此刻这个看似顺理成章理智无比的选择，是否也注定了我再次成为文科道路上被拦住的一员呢？

对我而言，重大的挑战之后，往往没有狂喜。因为我喜欢把奋斗的目标分解成可以日积月累的小目标，于是最后的关卡成了小目标之一，不再那么让我振奋。平日的努力，多少会削减些最后本可以有的狂喜。

接下来的圣诞节转移了我的注意力，我想该给自己放个假。bmp生活的小镇，在前方等待着我。明天起飞，在陌生的地方，还有一段感情需要整理，还有另一个选择需要理清头绪。

馈赠的温暖

圣诞节前夕，我从辛辛那提飞往bmp所在小镇附近的一座城市。

那天是阴天，云朵密密地遮住天空，没有阳光来点亮心情。

学校的事情算是暂时有了着落。我告诉自己，得到了当初向往的机会，这算是个好的结果，只管开心就好，其他什么都不想。在美国的第一个圣诞节，给自己放个假。

没过多久，飞机斜飞进入云层，穿越云层，恍惚间被阳光刺到眼睛。刚适应了阴天的色彩，似乎还没想到期待阳光，便发现云层上空居然是晴空万里。

我真不敢相信，这么截然不同的景象，是平行发生的。也许生活亦是如此，看到的景象，取决于出发点的高低。站在地面感觉阴天压抑的时候，到了高处的云层，却能被阳光融化。

● 受过伤的心，还会愿意再次拥抱爱情

和bmp的相恋，曾让我感觉是青春的奇迹，从没憧憬过太远的未来，却更没想到过有天会有尽头。最后那段路上彼此之间的冷漠

隔阂，今天想来还会隐隐作痛。我以为我们和大多数并不长久的校园情侣不同，却讽刺地随了这大潮流。我不得不叫醒自己：其实我们，也是一样的。

出国前，我把所有记忆丢在家里，带着一颗奋斗的心和绝不回头的决心来到美国。从没想过要回头，狠心挺过了bmp那么多次原本可以让我被过去的回忆淹没的邮件，冷冰冰地挂掉了那么多通电话，却因为一缕阳光的思绪决定再来见他。而来见他，必然就会有重新在一起的可能。不知这是抓住了该珍惜的缘分，还是走错了的回头路。

我迷茫着，头脑中一片空白。从辛辛那提到匹兹堡的飞行时间不到两个小时，飞机落地了。随着稀稀疏疏的队伍出来，在自动扶梯的尽头，看到了那个半年未见，熟悉又陌生的bmp。

他接过我手中的东西，便讲起话来。称呼、言语间，都是仿佛我们从未分开过一样的亲密。我感到有些别扭，还没想清楚，拉开了和他之间的距离。

匹兹堡离bmp学校的小镇还有近两个小时车程，他已经在学长的帮助下考到驾照买好二手车了，便自己一个人来接我。从提行李、开门、递水递食物，到各种小细节，我又在bmp的身边感受到被照顾的幸福感。

一路上有一搭没一搭地聊着，我更多是在想应该怎样处理我俩的关系。过去有许多甜蜜快乐的回忆，但心碎的结束却也已发生。bmp是个值得信赖的人，即使做不了恋人，我会远离他，但在感情之外的事上，依然会信任他。也许他点滴的好，才是促使那缕阳光动摇我的最终原因吧。

bmp所在的小镇其实也是一座小城市。这个城市本不存在，就因为一所大学，成了大学城，才慢慢发展起来。

这世间许多的事，有着合乎逻辑的前因后果，环环相扣也解释得通。我的爱情却不是这样。

或许它有它的逻辑，我却不想整理得一丝不乱，失了它的美妙。分手后的恋人重逢，若注定会在一起，下个开始有时只是一瞬的转变，来得再自然不过。

在这所小镇，我和bmp解开了之前的误会，或者说彼此造成的伤害。伤过的心会像钉进木桩的钉子，钉子拔除，洞却还在。但曾经有过的快乐，若是大于这些许的钉洞，总会让你延伸眼界，转移注意力到整个故事的轮廓。此时，你还会愿意拥抱爱情。

● 小镇同胞的热情，让离开更为不舍

到了bmp的公寓，他就开始讲接下来四天的行程给我听，在这里见见bmp的朋友，再去华盛顿玩。

接着，bmp带我去了他的学长家。三个男孩分别住在两室一厅

公寓里，他的学长严住客厅，还有一位他实验室的博士后石和外系的一位同学分别住两间卧室。严和石是一起搭伙的，石做得一手好菜，严自称很有口福。

我真心羡慕他们实验室的这种关系，学弟学长的相处就像大学同学般轻松，和博士后可以称兄道弟，还可以"剥削"博士后亲自下厨做美味。在我的实验室，学长和学弟更多是上下级关系。由于教授多出差，博士后更是充当了组里老板的角色，威严不可小觑。真好，在这个地方，我可以感受下淳朴的同学友谊了。

石年纪长些，更像是我们的大哥。虽是初次见面，他的个性也偏腼腆，还是和我聊了很多，关切地问及我在辛辛那提的住宿、吃饭、学习和其他生活情况。

严特别好客，从来不下厨的人却坚持要给我们做他新学的奶茶，味道果然特别。

严急切地问我们味道怎样。我边开玩笑边说了实话："这水平非同一般，我第一次喝到这种奶茶，明明看到茶包是在奶里煮过的，喝着却感觉到茶味和奶味是完全分离的。"严笑着听了我这不知是褒奖还是玩损的反馈。

现在严和石都已离开美国了，他俩当初的友好，我一直记得。

小镇的温暖不止于此。bmp提到有次和他一起吃饭的女孩希，希跟他讲我来了一定要带去找她玩。于是我们也去了希家串门。她的室友是个学音乐的男孩，两人的家里收拾得极整洁，和我在辛辛那提的公寓俨然两个世界。希的男友在另外一个州上学，两人也是圣诞节在小镇相聚。

投缘的人，不用聊几句就熟起来了。希向我传授她烤蛋糕的经验，述说她最近在选二手车的纠结，"吐槽"感恩节请假去了男友学校一趟，引得导师不满，现在圣诞节只好乖乖呆在学校了。我们从日常生活的点滴，聊到未来的打算。希说看到系里有老师招学生，给发奖学金和工资，便去撕下了招生告示，准备让自己男朋友申请转学过来。两人能在一起，是最幸福的。希听我说平时用塑料饭盒带饭，这样微波炉加热很不健康，便坚持要把自己的一个陶瓷饭盒给我用。盛情难却，我整个人都被暖到了。

晚餐时间，我们两对情侣一起去了小镇据说是最好吃的自助中餐，希向我介绍经验要多吃蟹腿才能将本钱吃回来。我们一趟趟地去取食物，才发现原来彼此都是吃货一族，两个男生就在旁边呵呵地笑我们。

后来，希的男友顺利转到了她的学校，两人前后毕业，在美国的一所大城市都找好了心仪的工作，日子过得滋润开心。希在大城市也能买到更多好吃的，味蕾得到满足，非常开心。前段时间还特意寄了鸭脖给我们解馋。bmp说得对，她就是那种"送人玫瑰，手有余香"的人。

　　还有睿姐。bmp实验室的访问学者，也是跟着bmp学车的徒弟。bmp叫她睿姐，她叫bmp师傅，这种随和温暖，我又忍不住羡慕了。

　　睿姐待我们特别好，之后的日子里，每次我来小镇，她必有一顿美味召集大伙分享。她的手艺不必多说，大伙说官方厨艺比拼，睿姐排到"小屯大厨"排行榜的第二名。第一名是一位老大爷，他的厨艺和阅历成正比。据说当年有男生一吃过睿姐做的面条，就开始追求她了。我想能每天吃到这样的美味，睿姐的老公真是幸福。

　　后来我又去小镇看过bmp多次，直到临近睿姐走的时候，我和bmp去超市洗照片，想把和睿姐一起的记忆以这样的方式让她带回中国。拿着照片接到睿姐的电话，叮嘱我下午开车回辛辛那提一定要特别小心，当时忍不住哭了。

　　我开始掉眼泪就不讲话了，睿姐在电话那端问我怎么了，bmp急忙解释我们都舍不得你，睿姐笑笑说以后来武汉找我。

　　现在睿姐和家人在武汉团聚了，经常能在QQ上看到她亲手烹制的美味。前段时间，睿姐还自豪地说："我老公夸我现在开车很稳，比同龄的男司机都好很多呢。要多谢师父！"Bmp被她逗乐了。这么温暖的姐姐，一定会有特别温暖的人生。

　　也许因为小镇地方小，人和人之间的关系更近，在这里倍感温暖。这个地方，短暂停留中所有的人和事，都对我有股难以抗拒的吸引力。靠近它，就是温暖，能让人忘记烦恼。

再回到辛辛那提的时候，前方等我的是实验室的工作，我带着对这温暖的留恋，和从中汲取的勇气，踩着油门去面对另一个城市。

之后的两年里，我和bmp各自开车往返于两座城市之间，只为了一起多度过几个周末。冬日的大雪天，他的车在高速公路上打滑转过360度，惊险到没来得及恐惧，幸好周围没其他车经过；夏日的暴雨天，大卡车频频从侧边超过我的车，溅到前窗一片水，看不清路，我只能小心翼翼地在高速公路上低速前进。多少点点滴滴，来回十小时的车程，我们就这样度过了重逢后分隔两地的日子。

大学毕业后，有朋友传了"点名游戏"给我。其中一个问题是：你是否愿意翻越万水千山去看一个人？我说愿意。只是没想到，现在翻山越水去看的人，是我当初以为再不会去见的人。辛辛那提到bmp的小镇，一路上会穿越极具俄亥俄州特色的无数农田，山上童话般孤立着的小房子，还有西弗吉尼亚州满载着树木的群山。春天一路嫩绿，夏日郁郁葱葱，秋天满眼金黄，冬日皑皑白雪。时间的轮回，绕着思念的轨迹，期待着前方不远处不愿舍弃的温暖。

第五章

世界五百强实习

来

到美国半年，通过努力"意外"获得世界五百强公司的实习机会。在这光环的背后，隐藏着待挖掘的职场成长财富。

NO.01
转角遇见世界五百强

　　我所在的实验室，不同于其他，其管理更像公司，当然也因为大多数的项目都和工业界合作，因而在实验室积累的资本，为我们找实习机会、找工作，提供了先于平辈的契机。我们的教授兼导师，就是老板。这是我当初拼死拼活想被这家实验室接纳的原因，因为当初一心想进公司，想在美国工作证明自己。未来有天我回国，绝不能是因为在美国发展得不好，而是我充分提升自身后，自主做出的更好选择。这个实验室，必能让我更接近愿景。

　　我并非学术界或业界大牛，顶多算个努力学习、工作，认真做事的好学生而已。因而，有些想要做的事情，不可能坐等机会来找我，必须努力寻找可能的资源，自己去创造机会。

　　只是没想到，机会来得如此之快，让人来不及反应。

　　那是一个平常的下午，听说实验室老板回来了，要和每个人面谈最近的科研进展，当时心里还有些战战兢兢。也许大多数新生和我一样，面对一个掌握你每月生存资本的老板，都免不了有这种心态。我的希望是，能少碰面就少碰面，当时并不懂得抓住机会多跟老板学习，而是想着敬而远之。

墨菲定律总是灵验。果然，楼梯转角，在回实验室的路上，和老板碰面了，并不宽阔的过道，躲也躲不过的。

"教授您好！"我除了问候之外，实在想不出可以说什么其他的。

"你好。我们前段时间去A公司开了项目阶段会议，决定派你去那边暑期实习。"老板讲话的时候，步子甚至没有慢下来，这段话就这样从我耳边飘然而过。

实习？A公司？暑假？我要做些什么准备？要怎样跟进？这件事的来龙去脉是怎么回事？心里冒出一连串的疑问，无人解答。

当我在脑子里想这些问题的时候，老板已经消失在楼道口，这句话之后就没有下文了。而即使他在，这样的琐碎问题，也不能让日理万机的老板解答。

再走几步，突发疑问：刚才那句话，是对我讲的吗？回忆起来，老板讲这话的时候眼睛还看着前面的路，都没有看我呀。可当时走廊里也没有其他人，他又没有讲电话，只能是对我讲的吧。

这样想着，向前几步，到了实验室。坐在门口的大山学长，听到了走廊里的"对话"，看到我的满脸疑惑，终于讲了个更完整的故事。

"我们上周去A公司开项目阶段会议，会议很顺利，双方都很满意。老板最后提出派你去那边暑期实习，继续下一阶段的项目。"大山解释道。

"真的呀。那A公司那边同意么？会有面试之类的么？"我心里的小鹿还在乱撞，不敢相信一瞬间，憧憬中的世界五百强，离我如此之近了。是我，居然是我。从来没有跟老板申请过，还没来得及想过。机会，就来了。

"是的，我也不知道老师为什么突然这么提议。面试情况我也不是很清楚。你和公司那边联系一下吧。实验室之前毕业的林仍在A公司工作，你也可以问问他。"大山答道，估计此事也出乎他的意料，他能提供的信息，也止于此了。

"好的，谢谢学长。那我要现在加入你的项目组，开始接手这边的项目了么？"我明白，即使有机会，也需要自己经营的。

"是的。可以先看看项目档案，开始数据分析，下星期和公司开电话会议。"大山是个交流起来让人感觉轻松舒心的人，永远那么友好。实验室的前辈，难得他这样的秉性。

回到我的座位，打开邮箱，果然看到了相关的邮件。自从来到美国，邮件成了我和代课教授，和实验室同学，和老板，和所有因公事相关的人交流的主要媒介。

此时，邮箱里躺着，老板的邮件，项目会议的跟进邮件。最重要的是，A公司人力资源发过来的通知邮件——面试通知，还是去公司总部面试，一个初来美国的我根本不熟悉的城市——Akron。

还没在天上掉馅饼的喜悦中沉沦，便有了理由开始下一个紧张。世界五百强公司的面试？我能hold住么？如果通不过，岂不是枉费了老板的引荐，要怎么交代呢？所以，没有纠结的空间，唯一的选择是，必须要通过面试！就从这封邮件通知，开始准备吧。

后来，当我再去回顾这个转角遇见世界五百强的经历，也不难用自己的理由解释这一现象了。

是的，国际学生，在美国找工作找实习机会，都不是件容易的事情。为什么呢？

身份问题排第一，要长期雇佣国际生，公司要负责解决签证和身份问题，这需要时间、金钱和律师方面的花费。有的公司不在乎，但只要有同等条件的美国人，谁又会为了一个国际学生，给自己找麻烦？美国政府也明确规定，公司雇佣国际学生的条件之一，是这项工作，没有同等条件的美国学生可以胜任。所谓肥水不流外人田，便是如此吧。

再有，语言因素。大多数国际生，即使你英文再好，能好得过美国人？担保专业交流、互动聊天能侃侃而谈，都不会卡壳？有时，在你见面试官的那一刻，磕磕巴巴的英文，就破坏了第一印象。

　　所以，无论是实习或是工作，都是难得的机会，更别提对方公司是享誉全球的世界五百强。况且对于我一"枚"刚来美国一学期、除了实验室外没有任何工作经历的学生，是根本没有来得及期望的事情。

　　但是，正是因为知道此事难上加难，因为清楚自己的处境，我明白了自己努力的同时还必须借助外力接近这个当时看起来遥不可及的目标。也许从我打开这个曾经不属于我的实验室官网，看到里面上百个合作公司的商标，决定要排除万难成为其中一员开始，就注定了今天会偶遇A公司吧。

　　所以只要你努力争取想要的，十有八九，必能到达。

　　凭着之前在实验室的努力，我赢得了老板的认可。而借着他的推荐，A公司向我伸出了橄榄枝。

　　这是我的解释，也让我更加坚信那句话："如果你全心全意为了自己的目标努力，全世界都会为你让路。"我在美利坚，再次感觉到了这其中的魔力。

NO.02
意外而生：机场陌生人的情缘

● 面试行程安排，让我深感备受尊重

为保证A公司的面试万无一失，我翻阅了实验室和这家公司之前的所有项目资料和研究方案，参与了之后每一次电话会议，积极地投身现阶段的项目，想做出些有意思的成果，给未来老板留个好印象。这次机会太过珍贵，真心不敢错过。

就这样准备着，面试的时间不知不觉临近了。本来公司总部离我所在的城市开高速大概三小时，公司要求现场面试，开车过去是最方便的了。可是，当时的我一没车，二没车技，还在苦恼着怎样安排面试行程。

之后，仔细研究了面试通知的内容，发现像我这种距离竟然可以订机票，到了之后也可以订豪华轿车负责接送，公司的人力资源一条龙服务信息已经到位了。

因为Akron是个小城市，还记得打电话订机票的时候，我想要的时间只有一趟航班可以选，但是要在底特律转机，而且价格800

美金对于这点距离，的确不菲。我跟电话那头的接待人员说：这票太贵了吧，要不换个时间段看看？"电话那头接着说："没关系的。这个机票真心不便宜，不过我还是要给你订。"听到这心头一暖，真切地看出了大公司财力雄厚又注重发展人才的细节了。

就这样，不到三小时车程的距离，大概变成了六小时的飞行加转机。

面试前一天，我请了实验室的一位同学送我到机场，没过多久，已经从辛辛那提飞到了底特律——这个去年我初来美国转机的地方。

不到一年，再来这儿，居然是去一家世界五百强企业面试，真不敢相信这样的变化，但更为自己的努力成果欣慰。我告诉自己，不管结果如何，有这样的经历，也是值了。

等待下趟航班的间歇，我拿出随身带的笔记本电脑，开始接着做和公司的合作项目。虽然要去面试，但实验室的工作不能耽误。明天离开 A 公司，后天还要和公司的人电话会议讨论研究成果。这节奏，我也是醉了。不过紧密的联系和手头的工作也带给了我面试会成功的安全感。

● 航班延误后的神转折

本来故事该这样发展下去，我赶上下一班飞机，到达 Akron，入住宾馆，睡个好觉，迎接第二天的挑战。

可是，这个时候，登机口大喇叭爆出语音消息："亲爱的旅客，由于航班延误，到达Akron的航班排在六小时后起飞，请您做好准备。给您带来不便，非常抱歉。"

这还是我第一次在美国遇到航班延误，而且一延就是六小时，虽然有些无语，算了算这样一来到宾馆应该凌晨了，但暗自庆幸，幸好预留了足够的时间，还是来得及面试的。于是，我马上给负责接机的轿车公司打电话，告诉他们航班延误的情况，更改了接机时间。

这样折腾一番，到了午饭时间，肚子饿得咕咕叫了。想到要在这儿等六个小时，还是先吃点东西吧。去了登机口附近的一家Wendy's买了快餐，悠闲地吃完，借着那儿的桌子继续工作了一会儿。

过了大概一个多小时，我回到登机口，感觉怎么刚才等飞机的人大都不在了呢？噢，肯定和我一样，觉得要等六个小时，去别的地方逛了逛。这样想着，我就安心了。

这时，迎面走来一位职业女性，刚才和她简单打过招呼，这次也是冲她笑了笑，准备一闪而过。

这时，她叫住了我，"你是要飞去Akron么？飞机已经走了。"

"什么？不是说推迟六小时起飞么？"我感觉到一个晴天霹雳，当头一击。

"是这样的，你走之后过了没多久，工作人员就过来发布了新的通知，航班改了登机口，且没多久就要起飞了。所以现在你的航班已经飞走了。"她解释道，接着说："我是因为刚才看到你，知道你也是这个航班的。"

我顿时有些慌了神，外加生气，"因为之前通知要等六个小时，我就先去买吃的了。"

她笑着说："我想也是，看你过了这么久才回来。"

我突然想到，她应该和我同一航班，怎么也还没走呢？难道和我一样被留下了？于是便问她："你也是错过班机了么?"

"没有，我是登记了当志愿者，把座位让给别人了，坐下一趟班机。"她答道。她所说的志愿者，是航空公司的一种安排，临时愿意让出座位的人，会被安排到其他航班，同时得到打折券或者额外里程作为奖励。

原来人家是自愿错过航班的，唉，像我这种既傻又没心没肺一听变延误六小时就跑去吃饭的人，估计也没几个吧。

慌神也没用，只能找工作人员看看有没有解决办法，改乘下一班。这种情况，没有通知到每一位乘客，也算是航空公司的责任了，想必他们会负责的。

她主动提出要带我去找客服。途中聊了几句，这位热心的女士叫Jackie，在一家大公司做人力资源经理，这次是因公出差。萍水相逢，她愿意这样帮我，真心感激人家。

"你是学什么的呢？这次去做什么？"Jackie问我。

"我学机械工程的，这次是去A公司面试。"

"这样啊，恭喜，我们公司也招收机械专业的学生，你可以考虑我们噢。"Jackie笑着讲。

"会的，谢谢你。"

"这次去Akron要住哪里？"

"面试公司安排了Double Tree的宾馆。"我说。

"不错噢。那是一家非常棒的宾馆，你一定会喜欢的。好好享受吧。"Jackie满脸笑意，暂时消去了我因为错过航班的忧虑气息。

"这样啊，现在只希望我还能赶得及，哈哈！"到了这时候，宾馆多好真无所谓，别错过正事才好。

见到客服人员后，我说明了自己的情况。Jackie也很耐心地帮我解释："这个小姑娘，听了航班延误六小时的消息后，离开了登机口。后来又发了新通知，她没有听到，所以错过航班了。你能不能帮她联系最近时间的航班？"

工作人员面无表情地答道："好的。我看看。不好意思，最近时间的航班已经满了，下一个可能的航班是明天早晨八点。"

天哪，八点是我该到达面试公司的时间啊，不要开这种玩笑。看来工作人员也帮不了我了，Jackie尽了她能做的，现在我们都没辙了。

● 坎坷的旅途，也许更精彩

这个时候，我想到了在另外一个城市的bmp，碰到不好的事情一般都会先跟他讲。记得他说过，我面试的地方离他那儿开车三个小时，如果我能飞去他的城市，他再送我过去，应该完全来得及的。

于是马上跑去追问工作人员："去匹兹堡的飞机有没有？可以帮我查下最近时间么？"

"好的……半个小时后就有一班。"

听到这，我马上给bmp打了电话，他说让我赶快飞去匹兹堡，他来接我开车去Akron。

挂了电话，我跟Jackie简单解释了自己的打算，她问我有没有托运行李。幸好当时面试装备简单，正装穿在身上，只背了个电脑包。

Jackie笑着说："出门少带行李是很明智的。这次你没有托运行李，一切手续就很简单了。"

于是，我跟客服换了去匹兹堡的机票，问题终于解决了。因为登机时间也快到了，我匆匆向Jackie再次表示感谢，踩着高跟鞋，拎着手提包，飞奔去下一个登机口了。这次的面试经历，从头到尾，在各种考验中，锻炼了我踩高跟鞋奔跑的技能。

这么一折腾，终于也算是安全渡过一关，打电话给轿车公司直接取消了当天的接机。

我怎么也没想到，最终，我居然是飞去另外一个城市。原本离Akron只有三小时车程，这样一来，需要飞六个小时，还要开三个小时的车，才能到达。

此刻，我只能感慨，多么坎坷的旅途啊。

bmp告诉我美国总统奥巴马前几天去了Akron，也是住在Double Tree。

我开玩笑说："真可惜，不然他还能看到我。"一路聊着，终于也在晚上11点赶到了Jackie口中这个很棒的宾馆。

此时的我，筋疲力尽，整理好东西，要早些睡觉，明天还有重要的事情要面对。

这个夜晚，我想着萍水相逢 Jackie 对我的帮助，以及 bmp 毫不犹豫开车送我过来，因为有他们，我才没有错失这次机会。

后来回到学校，我给 Jackie 发邮件感谢她，也希望能保持我们陌生人的缘分。

过了很久，有天突然收到 Jackie 的邮件："小蕊，希望你享受了在 A 公司的实习经历。我还是经常来往飞行，每次到了底特律机场，都会想起你。我只是好奇你最近在做什么？有空的时候，给我发个邮件吧！"我想象着两个本来绝不会有交集的人，因为在机场的一次意外，某天会有这样的对话，感觉到一种神奇的力量。

NO.03
梦想简历：目标赢得机会

今天，是我来美国后的第一次面试，对象是家世界五百强企业。许是初生牛犊不怕虎吧，没有紧张慌乱，早餐后收拾好行李，带着资料就去公司了。

前台登记之后，在等待期间认识了几个同去面试的新生。从大一到研究生各年级都有，除了我和另外一位印度同学，其他都是本国人。想着他们大学伊始就有去大企业学习实践的机会，心生羡慕。这样的经历，一定会让还在学校的年轻人受益良多。和他们相比，我虽算起步晚了，但想到这样来之不易的机会，也是庆幸不已——美国的职场对外国人设限重重，本国学生习以为常的东西，留学生也许遥不可及，我珍惜这里的每一次锻炼机会。

● **面试主题一：听公司讲故事**

面试开场，我们应征者被安排在一个大型会议室里。由负责流程的人力资源经理Kelly开场介绍之后，一位资深的品牌经理John开始讲述这家企业的故事。A公司创建于18--年，以发明产品制造技术的某先生的姓氏命名，从最初的小作坊一路发展为现在北美最大的制造商，业务遍布全球。

John以非常浅显易懂的方式介绍了公司的主打技术，以及现阶段投入的各类研发方向。最后的提问环节，是和应征者互动的时候。美国孩子爱提问的特点是世界闻名的，称之为优点实在是不无道理。通过提问，一方面说明你在听，另一方面表明你感兴趣。所有讲故事的人，都喜欢自己的故事被关注。在面试环节，提问，也是增加个人曝光率的方式。

所以，我也举手了。本来不怎么紧张的我，在准备提问的时候，终于感觉到双腿明显颤抖了。我压制着腿部振动，掩饰着声音的颤抖，终于完整地问出了我的问题："公司的产品，一般是怎么回收的呢？"这问题的灵感，也来源于之前和大山学长讨论的，A公司所在行业产品的残骸处理话题。"问得好！我们还真有特定的回收项目，会对产品进行处理。但目前做得也并不完善，这有待进一步改进。"John兴致勃勃地回答。他用同样的态度，热烈地鼓励和回应了每一个提问的应征者。

接下来，是本次面试最有趣的环节之一——参观工厂。Kelly早在之前就很贴心地过来观察了我们的鞋子，发现应征的两位女生都穿了高跟鞋，便准备好了运动鞋给我们换。做好参观之前的安全措施之后，我们这批应征者被带进了产品生产区域。

工厂的噪音很大，加上飞速的英文讲解，我不得不紧跟着讲解人员，排在队伍最前面，竖起耳朵打起十二分的精神听讲。讲解人员带我们参观了制造过程的几个主要环节和负责生产的机器，通过实物演示向我们讲述产品的生产流程。

因为他是技术人员，讲话难免夹杂着专业术语，尽管很努力地去听，也很难抓住每个重点。但整个参观过程本身，对从未接触过这个行业的人而言，就足够大开眼界了。以前，甚至从未考虑过XX会是怎样生产的，这回才知道看起来外形普通，里面却有这么丰富的材料，更有上千位工程师在思考改良材料的配置方式和产品生产流程。

● 面试主题二：你怎样讲自己的故事

参观结束，公司讲了足够多的故事，轮到应征者来讲自己的故事了。全部面试分为两个环节，一个小时的团队游戏，两个小时的专业面试。

团队游戏的主题，是让所有应征者分成四个小组，用提供的雪糕棒、胶带、白纸等办公用品，建造一座塔。评判的规则是要有高度、稳固性和创新性，限时二十分钟。

游戏开始，小组就开始热烈讨论，大家讨论之后，决定采用我的提议，模拟A公司的AB首字母缩写，把它做成塔的外形。

整个过程中，Kelly都在认真地观察我们。我猜想，设置团队游戏的目的，主要该是为了观察每个队员是否懂得合作和是否具备的领导力。虽然我的动手能力不是很强，但在我充分贡献了自己的力量，合理坚持主张的同时，积极配合团队，自然的表现应该没错的。

限时快到的时候，我们的塔摇摇晃晃地搭成了，事先设想的完美Logo，要很努力地看才能依稀辨认出两个字母，大家有些哭笑不得。

Kelly开始挨个评分了，先让大家解释自己的想法和创意，再根据三个指标，结合全场意见给分。这个环节，给了每个队展示的机会，所有评判公开透明，队员甚至可以和裁判争辩解释，充满乐趣。

转头看看旁边桌子上那座稳稳的塔，和我们这边摇摇欲坠的AB塔，我想分数的事情就不必想太多了。果然，Kelly给我们的创意点赞了，但实际结构本身，我们队确实输给有些队许多。

这是我第一次玩正式的团队游戏，除去面试本身带来的表现欲外，游戏的其他方面，的确可以客观地评判每个人的性格特点和在集体中的表现，且其中的趣味，也让人暂时忘却了面试气氛的正式和严肃。

接下来，会是今天的重头戏，每位应征者会接受两名资深技术管理人的面试，长达两个小时。之前还在隐隐顾虑这么久的时间到底要聊些什么，等真的面试时，时间却不知不觉飞逝过去。二对一面试在公司的咖啡厅举行，也许是为了创造轻松的气氛吧。

稍作等待，我的两位面试官就来了。Seung是专管产品技术商业化的经理，之前在电话会议中曾和他有过交流。另外一位Mike，是负责技术研发的领导。简单问候过后，我做了自我介绍，他们就开始针对我的简历提问。里面涉及的每个项目，我都做了详细的技术解释。

此外，关于行为问题，遇到假设性的情况你会怎么处理，也是基本每个面试者会被问到的。这类问题，诚实回答就好。你为人处事的特点，也决定了你是否合适这份工作，这其实是双向选择。

Seung是韩国人，在美国待久了，英文自然流利至极。他微笑问我："来美国多久了？""不到一年。"我答道。"非常不错，不到一年，你的英文已经很流利了，项目也做得很好。"Seung称赞道。"我在中国已经学过很多年英文了，到美国发现自己的英文还很欠缺，还要多多提升才行。"我回应道。这不是谦虚，是我的真实想法。人们欣赏的是有能力展示自我的人。而真诚的表达，却是走到哪儿都会被认可的。

面试过程中有很多交流，我明白这场面试才是决定能否取胜的关键，于是倍加重视每个问题和细节，努力把自己独特的东西展示出来。

除去专业方面的展示，我用另外一个重点，征服了这两位面试官。在提到未来规划的时候，我告诉他们："我有一个梦想简历，我在其中写上了自己硕士毕业前一定要掌握的技能、学到的知识和积累到的经验。在工业界实践，也是我梦想简历里极其重要的一环。"Seung作为一个商场中人，喜欢别具一格的东西。Mike，应着大多数美国人的特点，也喜欢有趣的事物。我的这份"梦想简历"稳稳地让他们愿意给眼前这女孩一个机会。

一个半小时，在愉快地聊天提问中过去了，我从Seung和Mike的态度大致猜到，加上A公司本身的项目需求，这次实习，应该是不会错过了。终于，可以放心地离开了。

紧张的一天，就快接近尾声了。踩着高跟鞋在机场飞奔的间隙，内心如窗外的阳光一般，满是希望。

NO.04
实习前的生存准备：异地找房、学驾驶、买车

● 享受努力创造的可能性

一个晴朗明媚的春日午后，我走出地下一层没有信号的实验室，收到手机里一条语音留言。

"下午好，小蕊。我是 A 公司人力资源部的 Kelly，想跟你交流下面试结果。祝贺你，我们已经决定发出录用通知，你可以自由选择时间开始公司的实习了。请方便的时候告知我你想要开始工作的时间。"

留言听完了，虽然或多或少都是预料之中的事情，尘埃落定时还是着实高兴了一番。马上跑去商店买了零食，去学校后花园，漫步樱花丛，尽情消化这期待已久的喜悦。

接着，邮件收到了正式的录用信，第一眼看到实习生的工资数额，有些被惊到了，不太敢相信。本来当初得到学校的助研位置，每月工资可以足够支付正常水平生活和交些学校的杂费，再攒点小钱，已经很满足了。毕竟学生时代不以赚钱为目的，能够一边读书

一边实现经济独立，已然欣慰了。可这次实习的工资，每月五千多美金，直接涨到了平时学校工资的两倍多，大脑瞬间充血了。

也是在若干个这样的时刻，我慢慢明白了，用知识、脑力和能力，改变许多状况，创造许多可能，是多么具有回报的一件事。而赚钱，只是顺带实现的部分。

也许只有你出身普通，懂得普通家庭赚钱的辛苦，经历了初来美国时在超市比价尽量买最便宜的东西，平时自己做饭，尽量避免在外面下馆子，才懂得当你的账户每两个星期冒出自己挣得的美元，突然可以在超市购物时不再费心算计，想要犒劳自己的时候可以随心所欲，是种多么有成就感的改变。

那些早起研究项目资料的无数个凌晨、错过和朋友出行留在学校编算法的时刻，以及当初争取现在这个实验室工作职位时委屈到几乎决定放弃的瞬间，就这样一步步将我送到了这个难以置信的关口。

暑假三个月，因为实习，我会去本州的另一个叫Akron的小城市生活。住哪儿？又怎么出行？这，才是一系列麻烦琐事和反复折腾的开始。

房子、车子、驾照，成了我实习前几个月学习之外一直在费心的事情。我知道最终都会解决，但纠结折腾的过程真是心烦。我对朋友苦涩地开玩笑说："好想直接跳到夏天啊，那时候肯定就有房有车了。"

● 怎样在新城市找到短期的合租公寓

提到住宿，当时没有任何找房经验的我，决定暑期要尽量找美国室友，近距离地接触不同文化背景的人，同时争取提升口语表达，房子也尽量选条件稍好些的，给自己一个努力工作快乐生活的夏天。

公司为了方便实习生找房子，给出了一些房屋推荐，也公布了时间相差不大的实习生信息，方便大家合租。

于是，我先开始联系室友了。我给列表里为数不多的所有我能看出是女生的未来同事发了邮件，希望能够找人合租，收到的若干回音，都是否定的答复，随之失望了几次。这么多人，我发邮件也很早，不知道真是每个人都找好了室友，还是她们从我的外国名字看出了不适应。

唯一一个还没找到室友的女孩Diya，愿意和我合租，却因为她想租的公寓要求在我实习结束之前就搬离，我不得不和她错过。可她回复邮件的及时，和字里行间透出的关切，都让我在别处积累了失望之后心头一暖。

女生室友找不成，那试试男同学吧。虽然心里隐隐地不情愿，也没想到其他的办法，就鼓足勇气这样做了。实习生中男生居多，许多本科生都是同校的，他们也早早组好团了。

看来找不成同事了，只能扩大寻找范围了。我在 Craigslist 上看当地的房子，也有不少人已经有房子，想要发帖找室友的。可惜我只能住三个月，美国的房租契约一般都是一年起，短期的房子实在难寻。

好不容易找到一个招房客的男士，我邮件联系了，他可以接受短期出租。只是想到要和一个不认识的男人当室友，心里七上八下。bmp 坚决反对我这样冒险，我只好想出唯一一个能说服他的办法：我请已经在那边工作的学长林帮忙去看下地方，也考察下房子的主人，看看靠不靠谱再说。bmp 极不情愿地暂时收起了他的反对。

我便打电话请素未谋面的学长林帮忙给参考意见。

"林，真不好意思可能要麻烦你，我在网上看到了一个房子，不知道实际情况怎么样，能请你帮我去考察下么？我这边离得远，过去看也不太现实。"我拜托道。

"你找的地方在哪里？"学长问。

"地址是 XXX。"我这边说着地址，林那边已经打开谷歌地图了。"我跟你说啊，小蕊。这地儿不能住，我看街景图里门前的路都修得挺破的，区域肯定不怎么好，房子也好不到哪儿去。我帮你去看当然没问题了，主要是这地就在地图上看都这样，实际肯定好不到哪儿去。建议你还是别住了。"接下来，林又分享了些他当年找实习的住房经验，碰上一个很好的别墅没租出去，他就幸运地一个人住了一个夏天的大房子。"我当时那房子门前草坪大片大片，你看你找的这个门前草坪那么小，真的房子肯定也不行。"

听了林的经验和建议，我对这个房子的希望，也随之熄灭了。

按照公司推荐的列表，我陆续联系了几家房屋租赁办公室，要么不接受短期租，要么短期的价格奇高，光房租就一千多美金了。好吧，我是想住好一些的房子，但这一千多超出公司的住房补助太多，看来"好"只是相对的。

尝试了网上找房，和同学推荐的专门找室友的网站，都没有靠谱的消息。我也加了当地学校华人学生的QQ群，群里倒是时常有人发相关消息，但因为打定主意想找个美国室友同住练口语，当时就没太关注了。

最后，找房子的事情已经接近我的耐心极限了。于是我想到了当时那个唯一没找好室友的女孩Diya。我想先和她一起合住吧，等到房东要求搬出去的时候，再搬家也可以。

当我再回信联系Diya的时候，她已经找好了公寓和室友。寻合租无果，我也决定在她选的小区租住，因为那里的租房办公室会负责安排室友，可以选择和同性合租，租户基本都是附近学校的美国本科生，正好吻合我想找个当地室友练习口语的初衷。这种专门的学生公寓，价格偏高，但很适合刚去到一个新城市的学生居住。

几经波折失望和百般搜寻之后，我终于找到在Akron的第一个落脚点了。不过也意味着这在那个城市住两个月后我要马上找到新的地方再搬一次家。算了，我不要再想了。几个月之后的事情，到时再说吧。

● 想考驾照？没有车，还要找个师傅

另外一个问题就是出行。在美国许多以车代步的城市，留学生手头方便的时候都会买辆二手车开，这样才好解决日常出行的问题。暑假三个月的实习，必然每天要开车上下班的。我最初的想法是尽快考到驾照，然后买车。

美国的正式驾照考试只需要网上预约，考察倒车入库和路考两项，比较注重实际操作。考试形式的确简单方便，和驾校完全不挂钩，只要你自己想考，报个名就能去。与此同时，实际操作考试要求自己提供车辆，驾驶学习也要自己想办法。

起初只觉得美国制度严格反而简洁，后来自己跌了跟头，才知道严格简洁的制度，有利有弊。你是可以随时预约考试，可只有有限次机会，这其中的不灵活，也导致我后来半年没能考下驾照。

因为我所在实验室的特殊情况，我生活中跟学长学姐处得不太熟。这是我的问题，看到他们就想到实验室的工作，不想把工作带入生活中。所以想学车，自然不好找学长学姐教了。

　　和我同年来的翼，是同学中唯一已经买好车的，他周末会陪着朋友练练车。偶尔需要去机场时，我会请他帮忙。按照惯例应该送盒巧克力或者请他吃顿饭，可我总有点不好意思，感觉在和人做交易一般。仔细想想，这感觉背后的主要原因是，即使这几次帮忙有来有往，但我们仍然没有成为朋友。有时特意和他交流，总感觉他不太愿意细聊，我也不好再继续了，否则有点打听人家隐私的嫌疑了。

　　人和人的交往很神奇。和有些人，一起等汽车，一次上堂课，一次开个会，就能一见如故。但另外一些人，上同样的课，在同样的办公室，无论有过多少次交流的机会，仍然最多是相识。

　　和翼的认识就是如此。第一次也是最后一次找他练倒车的时候，被他暗示开得不好，倒车很成问题，方向盘打得太急对车损害太大，比其他练车的人开得差多了。结束了半个小时的练车，我真的是想逃回家了。

　　其实我之前在国内练过车，出国前还特意加强学习过，现在也是努力想短期内练好考试项目，毕竟找个愿意提供车又指导我练习的人不容易。

　　离开的时候我在想：以后还要继续找他练车吗？如果不找，一时间又找不到其他合适的。如果再找，今天这样的感觉还真是尴尬。

　　过了几个星期，翼要陪同另一男生曹练车了。曹告诉我，他和翼聊过几次，翼其实是个很有故事的人，建议我可以和他多聊聊。

"也许应该再试试吧"我还在想着这个问题的时候，听到他们在商量练车时间，便玩笑式地厚着脸皮问："可以带我一起么?""不可以。"曹玩笑式地回应道。"开玩笑啦，到时候周末叫你一起。"曹终于说。我悬着的心放下了，希望自己这次可以争气点，早点练好，别再像上次那样。

正是那个周末，从家走去学校的路上，站在马路边等信号灯，看到一辆似曾认识的车缓缓驶过，正是翼的车。我清楚地看到曹坐在副驾驶座位上，他们有说有笑地在聊着什么。当时翼的表情，和他上次教我练车时的表情，简直判若两人。

那天阳光灿烂，孤立街头，我的心却似被阳光刺痛。我抱着最后一丝希望，想着也许他俩练完会叫我吧。直到周末结束，我的电话都没有任何动静。

我喜欢收集故事。每一个人都有自己的故事，而这或多或少，都会于某个时候在我的笔下以一种方式存在。初到美国的我，和初入大学时一样，努力想交更多朋友。可是和翼的相处改变了我的想法。交友方面，不要刻意，更不要勉强自己或别人。即使你如何看好一个人，若是和他处着不舒服不自在，就顺其自然地远离吧。这也许就是每个人气场的吸引力，强行改变磁场就没意义了。

就是那个时候，我放弃了这种略带强行接近他人的心态。懂得了顺其自然的力量，从此活得更加潇洒了。

自那以后，我和翼连闲谈都不会了，我决定只和他保持相识的状态。我实习归来时候，他已经离开去了另一所学校。问及原因，曹说："翼和老师闹翻了，自然没有机会来实验室工作。他可能在这儿待着也不开心，就换学校了。"

实验室的学姐看到我还没车也会问我："你怎么还不买车呢？"

"我想先考到正式驾照再买车呢。"在学姐的威严面前我说话声音都小了。

"那不行吧。你连车都没有，谁愿意陪你练车呢？还是赶紧买车吧。"学姐底气十足地建议到。当时觉得学姐的语气里透着几分责备，让我有些抵触。现在想来，学姐当初的建议其实很有道理，自己当时没有魄力在考到驾照以前做这样一个大投资，是自己判断力的问题。如果条件允许，最好的方式就是自己先买到车，再找朋友帮忙坐在副驾驶陪练，这样对自己和朋友都更方便，也可以避免意外情况引发的责任问题。另一方面，买车也能加快自己学车的速度。

bmp买车后在学长的帮助下不久就拿到了驾照，之后他开始教实验室的其他人开车。从对车一窍不通的睿姐，到大他好几岁的李大哥，他总是耐心地教他们、鼓励他们。虽然他也调皮地私下里告诉我他的学生们的驾驶技能排名，还极给面子地把我排在第二，但教他们的时候，bmp从来不会打击、嫌弃和催促他们。他常说："我帮别人的时候，就是希望当你在离我很远的地方遇到困难时，也能得到别人的帮助。"我想每个男生都会对自己的女朋友好，但一个对身边每个人都充满爱心的男孩，一定是值得我信任和托付终身的。

就这样，直到我实习的前一个星期，还是只有临时驾照，但那时的我开车已经比较熟练了，情急之下自己出车也是可以的。我只得放弃先考驾照后买车的想法，开始把买车提到正式日程了。

● 实习的前一天，我终于买到车了

说到买二手车，其实来到美国没多久，一攒够买车的钱我就开始考虑了，只是早期的寻找非常盲目。一来我对车的性能一窍不通，不懂怎样挑到靠谱的二手车；二来当时手里只有临时驾照，要考到正式驾照才能独立驾驶，否则我没有信心驾驭车。虽然手头攒够了钱，可这两个问题解决不了，也不敢轻易出手。

我和同样情况想买车的朋友一起在网上翻帖子找靠谱的二手车，当时也不懂看别的参数，就只会看年代、品牌再加迈数。

看了许多个帖子仍然无用，最后还是和 bmp 来到实习的城市，在一家二手车的交易店（dealer）一眼相中了现在的车子。交易店买二手车虽然比从私人车主手里买价格偏贵，但选择性多，收集车辆信息方便（许多店有网站供查询），口碑不错的店比私人车主更值得信赖，尤其适合不懂车的新手。建议可请一位懂车的朋友同去，提供参考意见。我当时连车检都没去做，直接付钱就开走了。

第二天，bmp 陪着我先开车去了实习的公司，熟悉了一路的交通情况和公司停车场，我已经做好了第二天自己冒险拿着临时驾照开车上班的准备（美国法律规定，持临时驾照的驾驶者，副驾驶位置上必须坐一个有正式驾照的人监督，严禁独自开车）。

天色晚了，bmp 不放心地走了，一再叮嘱我要找其他人坐在副驾位置上，千万别违法开车。我答应他会联系认识的人帮忙。

我第一个想到的就是 Diya，目前为止也只认识她住在这个公寓群，虽然还未曾蒙面。我给她短信描述了自己目前的无照情况，她欣然答应了要帮我，还说第二天干脆她直接送我去上班好了。更麻烦她的是，我们那天下午才发现原来我和她工作的部门不在一个地方，她去人力资源处，我去工程部门，办公楼还差十多分钟车程呢。

Diya 爽快地说："我们早点出发，我先送你就好了。"

"太谢谢你了，那下午也可以麻烦你接我一起回来么？我可以等到你下班以后再离开公司。"得到帮助的我大松一口气，终于可以解决出行这一大问题了。

"当然啦，到时候短信联系。"Diya 的笑让我安心下来了。

我又想起了之前在机场帮过我的人力资源经理 Jackie，莫非乐于助人和让人感觉舒服是人力资源工作者的特点？

直到那时，我还没见过 Diya。那天下午天黑之前，和她约好在院子里见了面，以免第二天要一起出门都认不出人。就这样，为了出行的一番折腾，终于在实习的前一天有了短暂着落。

搬进了新公寓，我的室友是一个美国非洲裔本科生。初见很是友好，和她聊了一会儿，互相介绍了情况。坐在书桌前的时候，已经快接近睡觉时间了。这一天搬了家，为了买车奔波，为了第二天出行发愁，终于所有问题暂时告一段落了。

我拿出随意贴，在上面列下了这个夏天的目标"technical skills（专业技术），friendship（多和朋友交流），enjoy life（快乐生活）"。三张浅黄色的随意贴整整齐齐地贴在墙上，成了这个夏天的主题。

NO.05
实习历练：失败成功之后，最重要的是成长

那个夏天，精彩而难忘。难得的工作体验，让我在专业技能、职场认知和与人际交流方面，都得以成长。从学校转战到企业，工作没有那么繁忙，我有许多闲暇时间可以发挥想象去寻找生活的乐趣。

几年前的我若是远望，肯定看不到今天这个点。人生，看似毫不夸张的一点点前进，经过时间的积累，也可以精彩到让你难以置信。

● 公司安排的实习生活动：享受结交新朋友的快乐

刚入职的前几个星期，需要熟悉老板、同事、工作内容和环境，此外就是各种培训。大企业的培训项目都是一流的，从公司文化、职场素养、产品精讲到业务介绍，方方面面都会涉及。实习的短短三个月，第一个月的培训密度最大，每周会有三四次讲座。接下来工作进入正轨后，仍然会有持续的培训环节，一直到实习期结束。

基于知识的严谨培训之外，更有其他有趣的活动。比如在公司组织安排所有实习生参加的"破冰"见面会，根据一张纸上的问题去了解与你素不相识的其他实习生。问题简单有趣：谁会讲多种

语言？谁的家里有 A 公司的产品？谁在上大学二年级？诸如此类的随机问题，引着大家满屋子跑着询问其他人，符合问题描述的新朋友会在每个人的问题单上签名，最后评出获得签名最多的参与者。我来了精神，想着要从开始赢，就要使出全身所有的活跃因子。最后，居然真是我的签名最多。Kelly 笑着递过奖品给我——一只刻有公司标签的便携式咖啡杯和一个小型产品模型，我顿时兴奋极了。

还有公司安排的实习生野餐。午餐之余，大家相聚玩橄榄球，玩美国的桌上游戏，顺带聊聊自己的专业、学校和公司的业务，娱乐之余互相学习。在他们的牌桌上，我教会了同桌的美国人玩中国的"吹牛皮"扑克牌游戏。学会以后，有一个大一的男生玩得乐此不疲，一定坚持下次还要一起玩。后来，就是他提议要开个"吹牛皮"派对，Diya 便给力地支持了，邀请大家一起去她公寓吃晚餐加玩"吹牛皮"，我也作为游戏的引入者被邀请了。平时不喜美式的疯狂聚会，那也是我唯一一次参加美国年轻人的派对，幸好在 Diya 的安排下派对竟是温和的，没有疯狂饮酒，只有小酌红酒，更多的是交谈。碰杯红酒围坐一圈，谈论着每个人的过去、成长和未来，平凡却不平庸。

● 我的工作和同事

公司很大，直到离开我也没完全弄清办公楼的结构，更不可能认识所有人了。大多数时候，我都在早就分配好的"新产品开发"小组活动。

我们小组的同事，有我实验室在我入学之前就已毕业的一名学长林；有我的顶头老大一个温和瘦削的韩国人Seung；有友好又健谈的印度人Suri；他的学弟Muki和我一样也是实习生，每天我就和他们一起吃午饭，度过工作之余唯一的闲谈时间。

除了他们，大部分同事都是美国人，且毫无例外大都上了年纪。有历史的公司自有元老，从员工的年龄中显现无遗。我的另外一个老板Jack，是位五十多岁的男士，他和大多数美国人一样随和，经常端着咖啡在下属的格子间穿梭。中国面孔也不少，有年长资历深厚的博士级前辈，有在美国长大的ABC小哥，还有几位中年男士，大都从事工程相关的工作。

我的工作内容，算是之前实验室项目的一个延续，并非从一无所知开始，因而上手很快。负责给我布置工作的林曾经暗示过我，他平时的工作也很忙，许多我不懂的地方，要尽量自己想办法解决。我于是听话地安静工作，其实从实验室工作开始我就养成这个习惯了。

得到任务需要做一个用户界面，算是这期间我遇到的最大难题。开始的时候，有些担心不能及时学会需要的技能，会耽误项目进度。但凡事用心皆有结果。

现在再回头才发现，当时最难的，并非我隐隐担忧的知识和技术，这些都是可以用渴求学习的心态去提升的。是我没有意识

到的一些东西，反而成了期待之中完美实习的致命瑕疵——关键时刻的表达和交流。

● 第一次表达考验：在部门大会上自我介绍

实习生们初到公司，无论是在公司跨部门的大会上、办公大厅里，还是公司的公共邮箱通知里，到处都会有人负责介绍我们——从哪里来、学什么专业、在公司从事什么项目等。但我们真正的第一次公开亮相，要算是自我介绍的那次。

那天上午，我沉浸在工作中许久才偶然查了邮件。不看不要紧，一看我差点叫出声来——已经快十点了，而Jack一大早就发邮件通知我们准备一个自我介绍，在这周的例会上发言。

例会是十点半，Jack希望我们十点前将介绍自己的幻灯片发给他。Jack这提前发幻灯片的任务，我定是完不成了，赶紧先做吧。来不及多想后果，我以最快的速度，把自己的背景做成了一张比较简单的幻灯片。因为是用模板，还是赶在会前做好发给Jack了。同时，我在脑海里组织语言，想着怎样把这个自我介绍做得既专业又不无聊，怎样让同事们了解我的研究方向与公司业务的联系并看到其价值。

例会开始了，实习生们陆续上台介绍，大部分都讲得很程式化，回答问题般地提及了学校、专业、毕业时间等。轮到我了，我终于放下了紧张，不急不缓地陈述了自己脑海里的发言稿，除了基本信息，还重点做了一些简洁的专业拓展。

其实每个人的幻灯片都按照模板布置得大同小异，但发言的内容和方式带给同事的印象却完全不同，这也成了最关键的一点。我站在发言台上，环顾着会场和每个人眼神交流，从他们的专注中看出了兴趣。这兴趣，就是我现在最在乎的了。

我的印度同事Muki也在基本介绍中加了内容，同样突显了自己的专业，得到了很好的反响。我在想，也许我和Muki因为同是研究生，又同是国际学生，深知外国人在美国求职的不易，才会在许多方面都额外花些心思，去争取更大的机会。在美国，除非你能证明自己做得了美国求职者做不了或者不愿意做的事情，才能有入职把握。

● 欧洲老总汇报会上的滑铁卢

如果说我的第一次表达考验顺利通关，那么第二次关键考验，我败得无声无息。

那天同样是接到Jack的通知，欧洲部门的老总很关心总部的实习生项目，希望能多了解一些，因而实习生们要准备幻灯片，在电话会议上介绍自己的项目。

一开始，我并没意识到这次表达考验的重量。我匆匆地把自己最近的工作任务组成了幻灯片，捋了捋讲话思路就去了Jack办公室。

一进门，发现除了实习生之外，我们每个人的监督人也在场，阵势略大。

实习生们开始陆续讲了，本科生们做的项目大多是公司已有项目的延展，因为是在现有产品的基础上提升，所以有许多已有的成果可以用来做铺垫，他们的幻灯片图文结合，做得很有吸引力，加上美国学生强大的交流和表达能力，电话那端的老总听上去极有兴趣，提了许多相关的项目问题，还问及他们感觉是否用到了学校的课程知识，聊得很是开心。

看着其他人的项目幻灯片，有各种界面的图片渲染，加上老总比较熟悉他们的项目，交流很是顺畅，我已经开始有些不安了。

到了Muki，他做的项目PPT偏理论，也没有图片。Muki的讲解略偏学术，老总没有听得太明白，但好在印度人的口语表达普遍很强，Muki还是设法讲解了许久。坐在一旁的Muki的监督人Suri，敏锐地感觉到了老总的困惑，挑好时机加入了谈话，开始帮着介绍Muki的项目思路和优势，并对Muki的能力大大赞赏，顿时改善了刚才的气氛，老总被Suri说服，也重视起这个项目。

我排在最后一个，轮到我时，我大致介绍了自己的项目情况，就过早地开始谈及工作任务。也许因为幻灯片上的每条任务，背后都是我长时间努力自学的结果，因此我把它们作为表达的重点。

然而，我忽视了一个问题，在我看来无论多么只有挑战的任务，不了解具体细节的人不会关心。我说到的每个处理数据项目的细节，对老总而言仿佛天方夜谭，并无意义。他感兴趣的，是项目对公司的意义，而这部分，我只花了极少的时间才开始提及，并没有讲到关键。

最后，我成了唯一一个没有被老总提问的人。没有问题，对我的研究，显然是没有兴趣。我讲过之后，谈话也就无声地结束了。我的情绪随之低落到极点。到这个时候，我才意识到这次考验的重要和自己的惨败。

事后，我的监督人林也借着这次失误帮我反省了。林虽和我出自同一实验室，但因从未在学校相处过，我们并无私交。加之林的女友在另外一所城市，因为性别方面的顾虑，到公司后我也和林保持了较多距离，离开公司绝不会一起聚，因而并不熟。

林开口便说："你要了解我们项目的意义，什么分析数据的细节，其他人压根不关心的！你知道没有这个项目公司的产品会有多大隐患么？这些都是可以用来讲的。"

接着，林向我详细阐述了项目的一些宏观蓝图，都是我之前没有意识到的。倘若这场谈话发生得早些，我将不会像今天这么失落。若是我能早些向林请教，若是我少些顾虑和矜持，这些知识，我也不会今天才学到。林虽说过自己工作忙，让我有事尽量自己解决。可是，无论别人怎么讲，有问题就该问，该向别人学习的东西仍然要主动去咨询。这点，我现在才领会到。

于是，我改变了和林交流的模式，有问题都会及时去请教他，偶尔也会和他聊些私事，慢慢地熟络了些，还会偶尔听他聊到几年前在学校的趣事。

● 失败，教会我怎样成功

那次以后，凡是需要做报告或演讲，我定然记得最重要的是根据听众调整讲话的内容和方式，用别人听得懂的方式，讲自己想讲的内容，最终让听众感兴趣，并从中获得价值。所以，台下的听众不同，所感兴趣的内容就不同，对同一话题的理解角度也会不同，报告内容也要调整得不同。这种"量体裁衣"，实践起来需要许多调研、理解和思索，但我意识到这点，是改变的开始。

最后一次表达考验，是在大多数实习生将要离开的时候。全体实习生被安排每人做一个15分钟的报告，讲述自己实习期间的所得和贡献，公司总部的所有高管，从最高工程师到人力资源主管，都会参加。这次活动的重要性，是显而易见的。听上届的一位实习生讲，他就是因为去年的报告评分得了第一名，实习结束之后直接被公司留住了。经历了上次的失误，我暗暗下定决心，这次报告一定要精彩绝伦。

一次精彩的报告，三分靠在场发挥，七分靠提前准备。

接到这个通知，实习生们提前两星期就准备开了。做好了报告的幻灯片，我先是和其他实习生一起练习演讲，互相提问题找错误，提升初稿质量。

与此同时，Diya所在的人力资源部还开展了帮助实习生提高演讲技能的活动。我因项目原因没能参加，但后来也和Diya约了时间，请她听我作报告，以人力资源行业的角度来评判我的表现。Diya作为人力资源部的实习生，是最好的外行人士听众代表，给出的意见也是我在工程师群体中得不到的，她的帮助非常重要。

这次的活动，我们的负责人也十分重视，林和Suri也安排了时间听我和Muki预演，帮着我们改幻灯片和演讲词，帮我们分析到场的听众，怎样照顾到不同听众的兴趣。

这次演讲，我面对着不同的人练习了不下十次，自己在家也会对着镜子练习和计时，早晚刷牙的时候也会在脑海里熟悉思路。我尝试过把要讲的话一词不差地记下来，后来发现这样太过死板和不自然，最好的方式是将演讲思路熟记于心，每次都根据思路组织语言和现场发挥，会显得更自然、专业、条理清晰。

报告的日子来到了，我们全体身着正装、安静地等待着自己的15分钟。台下的高管们，严肃、专业却不失友好。

在我之前演讲的一个美国本科生，看起来年纪很小，演讲中透着稚嫩和紧张，虽然大家都在台下鼓励，可他似乎仍克服不了紧张，最后草草收场了。为他感到遗憾的同时，我想起了自己上次分享式的冷场，决心这次一定要全力以赴。他还只是本科生，不到大四就来世界五百强企业实习，又是美国人，今年对他只是一场历练，未来有更多更好的机会在等待。而于我，机会却太过珍贵、错失不起，每次都是实战的现场直播。

我在当听众的时候，心中闪过这许多个念头。轮到我上场的时候，所有念头化作勇气，我想象着自己踏着背后精心的准备，和独自流汗的时光，变得自信而坚定。

这个演讲，终于练到了最后一次。内容我已很熟悉，只需加入演讲激情和听众的眼神交流即可。我尽量抬高音量、频繁与听众眼神交流，从他们的表情中汲取更多力量。这场实战，我打得很漂亮。

结束后，录用我们的人力资源经理Kelly特意来找我。Kelly之前也帮我练习过这次演讲，她很兴奋地对我说："小蕊，你这次讲得很棒。非常自信，英语也讲得很漂亮。我们人力资源部的老总对你非常赞赏。"

我感激地回应了Kelly，别人真心的赞美，和无意透露的尴尬一样，是难以掩饰的。我用心去做了这件事，能有一个人给我这样的反馈，便是很开心了。

尽管我当时最终没有得到A公司的工作机会，但是我能带走的最好东西，确是三个月琐碎的成功和失败中的所学，是那段成长，而非那个最终的录用通知。如果一定要经历失败，实习期是成本最低、收获最大的时候。因为这个起点，对我未来的职业发展，意义非凡。

● 三个月搬三次家：感谢收留我暂住的女士、女孩们

那三个月期间，我搬过三次家。第一次找的公寓因为当地学校开学要停租，我着急地到处打听、网上找合租帖子。情急之下，我甚至考虑过一家在高利贷机构前院的临时住宿，被同事们好心地劝阻了。

衡量了几个选择之后，终于在同事的帮忙下找到一位印度女士。他的老公在外地培训，正好方便我入住她家客房。

在她家的日子，下班后和她聊天，在附近的公园散步，过得很舒适。直到她老公有一次周末回家，因为一点小事惹到了邻居，邻居便将他们私留其他客人的事情告诉了房东。这件事情有违租房合同，印度女士只能遗憾地通知我要提前搬走。

当时离我实习结束只有不到一星期了，我却连几天都不能呆。她很善意地少收了半月房租，让我去找个旅馆住几天，免得不方便。

一想到要搬去旅馆，每晚要交几十美元住宿费，我暗暗地于心不忍。

同时也想攒点钱等妈妈来访时手头宽裕些，便决定一定不要去住旅馆。最坏的情况，我准备将车停在公司停车场，睡在后座好了。唯一的顾虑是，这样万一被其他同事看到要怎么解释，另外不知公司停车场晚上是否安全。

最后一刻，我联系到了华人学生群里之前聊过天的一个女孩，她和室友们同意让我留宿她家客厅。她家有三个女孩同住，我加入之后便同她们一起热闹了。在异地城市的最后时刻，同胞的善心救了我。

于是，我将全部家当装进了车厢，用被子盖住以免被别人看到不安全。自从来美国后便经常搬家，我于是识趣地尽量少买家具，以便每次搬家自己都可以搞定，最好全部东西可以塞进一辆车。

那天傍晚，我只拉了一个装满衣服的箱子住进了女孩家的客厅。在这个城市最后的日子，我有幸认识了三个善良的美丽女孩。

周六清晨，我早早起床，把衣箱搬回车里。满载着一车的家当、对这个城市的记忆和感激，我踏上了回学校的路。

第六章

灾难让成长越发坚韧

坚

你或勇敢或被动去面对灾难，一步步走过来，会发现过去的都是经历，你解决问题的能力，永远超乎自己的想象。

NO.01
无期驾考

这场灾难的开始，要追溯到我在美国曲折的驾考之路。

其实，早在国内读大四的时候我就报读驾校了。各种原因导致毕业前夕，我只考完了理论和倒桩两场考试。后面最难的场内和场外，眼看着没机会尝试了。签证过后，是我在祖国的最后一个三月假期。实在不舍得花这些时间在驾校折腾，我放弃了驾校。就这样，考驾照的事情，推延到了美国。

● 考驾照这么严肃的事情，不能心存侥幸

美国的驾照考试，并没太多关卡，比国内容易数倍。因为没有驾校环节，所以花费不到三十美金。我认识有做交换生的朋友，特意在美国考了驾照，准备回国时拿去换中国驾照，以省掉在国内上驾校的开销。在俄亥俄州，第一次理论考试考察基本的交通法和驾车规则，第二次考核倒车入库，最后一次便是路考，开着车在路上跑跑，只要没有明显的错误，就能通过。最后的倒车入库和路考，一般都是一起考的。

我提前两天研究了理论考试的小册子，和三位室友周六坐公交

车转了两次车，到了 BMV（机动车辆管理局）。不到一小时，我们全部通过考试，拿到了临时驾照（下称"临驾"）。

临时驾照的另一个好处在于，它可以当美国的身份证用，不用办什么事都带着护照。护照弄丢补办程序非常烦琐，而驾照补办就容易多了。

拿到临驾之后，规定一年之内必须通过后两项，否则临驾过期要重考。

第一次考试，我直接在倒桩入库环节失败了。我还没意识到，就已经碾倒了库前面那根增加难度的桩，路考的时候虽没出太大错误，但技能很不熟练，教练的态度也稍严厉些。我略失望地庆幸，毕竟是第一次，就当练练手见识下吧。

● 遭遇态度最恶劣的"快餐考官"

第二次的考试，我不敢预约之前的考点了。于是在一次我坐飞机去找 bmp 的周五，我们预约了两州交界的一个小镇考点。周五下飞机开到那里，我们趁着 BMV 已经下班，赶在天黑前偷偷在场地练了许多次。从开始的犯错沮丧，到后面终于可以成功完成几次了。所有练习，全堆在了那个下午。

想到每次考个试要付出这么多代价和折腾，机会和时间又如此难得，练不好的时候，我免不了责备自己，免不了沮丧，免不了害怕面对下一次不能通过。

第二天到了，这个小镇的BMV只有初看身形就知道吃过不少快餐的女考官，就叫她"快餐考官"吧。

我前面的一个人被她无情地判为没通过，给我一种不好的预感。我和她刚上车准备倒车开去倒桩的地方，操作一开始，她就挑我毛病了。我谨慎地先打开左转灯，因为车要从左边倒转出去。她马上就提大嗓门喊起来："不用开转向灯，倒车开什么转向灯。"

我解释道："因为我要左转倒出去，这样后边要有车给别人个信号。倒车是要开灯的吧。"解释的同时，我已经略微有点紧张了。

"反正是不用开，你现在直接开去倒桩吧。""快餐"考官不耐烦地摆摆手说道。

我小心翼翼地往前开，去倒桩点的小路颠簸不平，忽然看到前方有个大坑，我急忙调整方向希望避过，可车还是颠了。

随着车身颠动，考官大叫一声，怒问我："你在干什么？"

"我想要躲开地上那个大坑来着。"我弱弱地答道。

"可是，你直接开到坑里去了！"考官的声音提高了若干分贝，透着怒火。

这一责备加批评，让我委屈到想掉眼泪，就算是我犯了错，她也没必要用这么恶劣的态度吧。

那刻开始，我已经慌了，感觉到"快餐"考官可怕的气场，和前方不祥的结果。

果然，倒桩表现很差。倒完车后，考官再一次很凶地指示我："现在开去XX考路考。"

面对倒桩的失败和考官的态度，我心情低到了极点，一时走神没听清，只好再问："你说的是哪儿？"

"你能听得懂我的话么？你懂英语么？"考官再一次不耐烦加愤怒地朝我吼道。

她吼的时候，我已经不委屈了，全化为了对这种人的不屑和愤怒。

看来这次是时运不济，自己的心理又没控制好。我瞬间放空了，也没再理她，她一声吼之后我再没和她讲过一个字。只看她匆匆在我的测评纸上写下几个词，大意是考生没听懂指示。

我开车回到停车场，她带着丝毫没减的怒气下车走人，这第二次考试也随之结束了。

这次考试之后，我只剩下两次机会了。法律规定，路考四次不过，临时驾照取消，并且六个月之内不许再考临驾，也就不能驾车了。剩下的两次，我必须非常认真地对待了。

● 失去全部驾考资格

第三次考试的时候，我已经买到车，是在我实习的城市进行的。这次监考的考官是位老爷爷，精神抖擞、面目慈祥，从开始感觉就很好。我娴熟地展示了自己已经练过多次的倒桩，马路上驾驶也比较顺利。考试结束，老爷爷对我说："倒桩很完美，路考有个问题，就是你在'停止'标志前没有完全停稳，车还有一点点动力，我们要求完全停稳。因为这个，只给你倒桩过，路考你下次再考吧。"

这是个我丝毫没有想过的结果，要么失败，要么成功，这种一半一半的结果，我当时呆住了。不过老爷爷的称赞，抹去了我一半的失望。没什么，打起精神来再考一次好了。

> 有些事情就这样，你越担心，越觉得输不起；越给自己压力，就越容易应验负面的想法，换来最终的失败。

最后一次驾考机会，考官因为我在过学校区的时候速度慢了（那天周六，学校不开，所以过学校区不用减速），以及换道的时候只看了后视镜没转头看后面的盲区，残酷地带走了我最后一次机会，还有我接下来六个月的驾驶资格。

我沮丧地问："是不是接下来六个月我都不能开车了？"

考官正襟危坐，严肃地讲："是的，小姐，我很抱歉。"

多么冷漠的抱歉，我最不敢想的事情，竟然真的朝着我最害怕的方向，发生了。

BMV掳走了我接下来六个月的开车资格，我就真的只能步行了么？

我做过挣扎。写邮件和打电话给BMV，希望至少能全部重来，再从临驾开始考。可就连这最基本的临驾机会，他们也不给。

也就是说，一旦你考四次没通过，无论如何，接下来的六个月不能再驾驶。但是在实习城市，每天实在是不能离开交通工具。这里也没几个公交车站，所以，我决定，小心翼翼地无证驾驶。

这样做的风险很大，据说万一被警察逮到就可以被遣送回国了。

NO.02
雨夜的车祸

● **无证驾驶的不安全感**

实习结束的时候，我再次悄悄地开了三小时车回到辛辛那提。一路上，我看到有辆车贴着学校的标志，想必和我是同个方向，就乖乖地跟着那车，终于有惊无险地回去了。我想，这是我最后一次冒险无证驾驶开长途了。果然，这是最后一次了。

回到辛辛那提，室友已经帮我把一部分东西搬进了新家。我的新家，在离学校车程三十分钟之外的小区，这儿学区好，居民素养高，环境也极美，和我刚来美国住的小黑屋，俨然两个世界。

看到院子里绿油油的夏日草坪，小喷泉的水缓缓流淌，成簇的鲜花静静绽放，我决定暂时忘却每天如何去学校这一问题。

我收拾好了自己的新家，便开车出去买食物了。从超市回来时，已是天黑。开到一个路口的时候，我被车流挡住停了下来。不知前面发生了什么，想到自己无证驾驶就心虚，我已开始有些紧张了。

车队在慢慢往前移动，我终于渐渐看清，有位警察站在前方，让车一辆一辆通过。

天哪，不会是要检查驾照吧，我有些腿软了。但都到这份上了，没法逃跑，只能硬着头皮上了。轮到我时，警察在前面摆着手，我不知道是什么意思，战战兢兢地下车去问她。

她说："小姐，这里是个'停止'标志，我只叫你停一下，摆手你就可以开走了。"

听到这，我大大地松了口气，乖乖地回到车上开走，心里还有余下的些许紧张。

回到家坐在桌前，我才缓过神来，有力气去感受开车带给我的不安全感。明明只是一个平常的公路疏通，也会让我紧张到那样，一切都是因为我无证驾驶。可这种不安全感，六个月之内，我没法改变。我只能一次次嘱咐自己：小心，小心，再小心。

● 一旦发生车祸，最严重的后果是被遣送回国

万一这种事情，发生的概率小到几乎为0，但一旦发生，概率就是百分之百。

起初每次开车往返于学校和家之间，我都极其小心。甚至在第一次去车库前，提前向室友打听如何在车库停车、如何刷卡等细节，生怕哪里暴露出点嫌疑，会被有关人员查到。除了上学之外，去其他的地方，我都尽量避免驾驶。

可就有那么一次，许是时间久了我放松了戒备，放学之后和实验室新来的朋友一起在外面吃了晚饭。回去的时候，是个雨夜。

外面的雨淅淅沥沥地下着，我小心翼翼地开出学校车库。雨天路滑，我以很慢的速度在黑漆漆的夜里前进。

出了车库没多远，是一个平缓的下坡。我正准备开过绿灯时，黄灯亮了，前面的车停了下来。这个时候，我也必须停下了。我急忙踩了刹车，却发现车速并没有慢下来。

我顿时慌了，脑海里闪过听别人讲过的、在电视上看到的许多误把油门当刹车造成事故的场景。

这个关头，已经没有时间给我反应是不是踩对了踏板，于是我一瞬间做了放弃的决定：我松开了踩刹车的脚，让车就这样溜下去。其实后来发现我的车刹车比较松，刚开始刹车减速并不明显。所以看来那晚我操作是对的，可惜心里紧张加心虚，最后关头不自信地放弃了。

于是车真的随着惯性跑下去了。虽然速度很慢，但正好直直地撞在此刻红灯前的白色SUV上。

撞到了，我的车也停了。撞到了，我的心也死了。我的人生，也似乎在那一瞬间毁了。

无证驾驶，还出了交通事故，还是在严谨执法的美国，按别人说的，我一定会被遣送回国。望着窗外的雨，我绝望了。

白色SUV上出来一个大块头的白人男子。他下车查看自己的车况，我急忙也冲下去道歉，并且争取最后一丝契机。如果我能说服这人不声张，警察就不会来，也许我还能救自己。

那会我快急哭了，紧张地冲到那人面前，首先开始道歉："真的非常对不起，我没刹好车。请您千万不要报警好不好？"

那人平静地讲道："不好意思女士，我想我必须得报警。我的车损坏了，保险公司要来处理的。"

我看了一眼，他的车后面的保险杆被撞到了。而我那出了名经不起撞的凯美瑞，车头已经面目全非了，黑色的内脏全部露出来了。

他的平静，和我的胆怯，赤裸裸地对阵着。

"请您千万不要报警。我的驾照过期了，警察知道会把我送上法庭，再遣送回国的，我的一切就完了。您看看要花多少钱，我赔您钱吧。"我近乎是哭着乞求他。

那男士似乎起了恻隐之心，但仍然没改报警的心念："不好意思，我想没那么严重的，就算是真要去法庭，你就说你平时都是好学生，一直很努力，向法官求情。我想结果没那么糟的。"

我真的不能这样冒险，只能继续求着他，不让他打电话。一时间，他也不知该怎么办了。

这时，SUV 的后窗开了，一位中年妇女严肃地朝他讲："把车牌号记住，报警！"

这句话，浇灭了我内心最后一点逃脱的希望。我已经重复了许久的乞求，再讲下去，没有必要了。博取不了别人的同情，只能接受严酷的法律制裁了。法律制裁，我不敢想这后果有多么可怕。

男子已经报了警。我默默地退回到车里。

在车里，我急速地想着一切可救治的办法：可以找个有驾照的人来帮我顶顶么？可是除了远在千里之外的 bmp，不会有人愿意这样做，对别人也不公平。可以逃跑么？显然不行。看来真的要自认倒霉了。

警察来了，是一位黑人大叔。

他看了看撞车的现场，对男子说："先生，您可以走了。保险公司会联系您。"

"我车被撞成这样，都不知道还能不能启动。"男子抱怨道。

我心里开始不平了：和我的车头完全报废的情况相比，他的 SUV 只是保险杠损伤了一些，居然敢说被我撞到不能启动，太夸张！

警察平和地对他讲："先生，我相信您的车是完全可以启动的。请您开车先走吧。"

男子这才回去车里，果然没几秒就开车走了。

"小姐，请你去车后座等我。"黑人大叔礼貌地讲。

于是，我生平第一次坐了美国的警车。车的内部有些像国内的出租车，用铁栏杆把前后座挡开。于是在栏杆后面，我真的有了当罪犯的感觉。

警察问了我些问题，查询了我的基本信息，看到了我已经过期的临时驾照，严肃地讲："小姐，你知道你这样的情况不能开车，对么?"

"是的，对不起。今天真的是没办法了。"我只能弱下来解释。

"法律规定，我必须给你开罚单。"警察这句话，我一点也不惊奇。就知道死刑会来，到这份上，就坦然接受吧。

接过罚单，警察说他会叫拖车公司拖走我的车，问我需不需要他送我回家。我告诉了他我家地址后，他看离得有些远，也不再提送我回去这茬了。正好，我想赶紧逃离这警车。

警车走了，我站在路边。雨依然淅淅沥沥地下着，我平时最讨厌淋雨，这个时候反而不觉得。任由雨水打湿衣服头发，丝毫不想躲开。似乎这夜雨，正好应和我此刻的惨状，被浇浇反而清醒。

● **面对灾难：你的坚韧，超乎自己的想象**

不知道前路在哪? 我不敢想，若是真要上法庭，被控告然后遣送回国，我要怎么向关心我的人交代？

我摸出手机，先打给了室友，无人接听。然后打给了方才一起吃饭的学弟，他很快赶了过来。接到我时，学弟还好心地带了一条浴巾，像是早料到我淋雨。

虽是学弟，但他在美国待得比较久，见过的事也比我多，给我讲各种他听过见过的事情，以让我了解情况其实没那么糟。

到了我家楼下，我把罚单递给他看。我的心里太乱，丝毫没有心情研究这张罚单，以及上面可能有的何时要求出庭。

借着路灯，学弟盯着罚单仔细研究了许久，像发现新大陆似地跟我说："这个罚单上写的是不用出庭耶！好像只要交罚款就可以了。"

"真的么？"我大吃一惊。仔细看看，警察真的没有在出庭一项上面打钩。无论如何，在今晚所有的倒霉事中，这算是个好消息吧。

我带着不安的心情回到家中。

室友刚洗完澡出来，问我打电话有什么事情。我心里依然那么乱，没想好要怎么说，于是找了个借口。这件事情，我也没有告诉bmp，想着他离得远帮不上忙，也不想让他担心，于是我悄悄地试图扛过去。

事情发生的第二天晚上，我终于整理好情绪，把这件事告诉了室友。她很是惊讶，居然会发生这样的事情，并头脑清醒地帮我分析："你这样的情况，早晚要出事的，这就是个教训。当初学车的时候你不愿意找人帮忙，就靠着男朋友偶尔过来教你练车，还到处找不熟悉的考点考试，就难免有后来拿不到驾照的后果。眼下事情出了，你也别急，先把罚单处理好，然后找地方修车吧。"

室友说完，拿过我的罚单去找男友了。他的男友是美国人，看罚单比我两在行。

过了一会，室友拿着罚单回来跟我说："他说你真的是很走运了，这警察基本是给你定了最低程度的惩罚。其实无证驾驶大多数都要上法庭的，这个警察给你判的是只要交200多美元罚款就行了。真的好走运！这下别担心了。"

我心里悬着的石头落地。在室友的引导下，原本乱了方阵，就打算什么都不管卷铺盖走人的我，意识到必须整理情绪来解决这次惹下的麻烦了。

接下来，交罚单、取车、找便宜的修车店、解决去学校的通勤问题，我一件件去办。每一步，少不了朋友的帮助。从每一个人分析问题的角度，我也学到了许多东西。

就这样，原本看起来天大的灾难，居然也一步一步走了出来。在试图解决问题的失望、焦急和郁闷中，得到朋友的帮助，心里别提有多温暖。

找便宜的修车店，是最让我头疼的问题。人说能用钱解决的问题都不是大问题，可当你没钱时，还真是个问题。

我看了看账户里平时攒下的工资，这些钱本想攒着做点更有意义的事情，想等妈妈来访时多买些礼物，现在却不得不花在修车这种毫无营养的事情上。

我打电话给第一个修车铺，他们说我的车性能没有受到任何影响，纯属外观问题，可要价5000美金。听到这数字我快晕过去了，沮丧地问他们要是我把车卖掉可以卖多少钱，它们的答案是500美金。

我知道修理车的外观在美国人工费很高，可这差距也太大了。于是我放弃了，和室友一起把车头已经面目全非的车开回了院子，接着打听便宜点的修车店。

有一天，我突然想到之前认识的一位学弟。他也是学机械专业的，和我不同，是懂车的高手。我在QQ上找到他，跟他说了我的情况，得到一句不以为然的回应："你这没啥吧。我女朋友经常撞车，你问问她在哪儿修。"

紧张加沮丧的我，被他这句话逗乐了。

我联系了他的女朋友雨，那个平时在楼道经常匆匆碰面却从来没打过招呼的女孩，向我推荐了一家修车店，是中国人开的。那家店非常擅长修理车的外观，老板答应帮我把能回收的部件尽量回收，在不影响性能的前提下买一些稍便宜的部件，于是原来5000美金的修车费降到了1500美金。我听到这个价钱心里已经满意至极了。

再次见到雨，我很高兴地和她分享了这个消息，大大地拥抱了这个挽救了我的女孩。后来，这次机缘巧合，我们成了室友，成了无话不谈的好友。

雨夜的车祸，给我那时的生活带来很大影响。我惧怕着会被送上法庭，甚至遣送回国。家离学校太远，我毁不起租约，只能临时在学校边短租了一间屋子，承担着两个房子的租金。我那前面被撞得面目全非的车，停在院子里十几天，我都不想去面对它。终于鼓起勇气处理事情的时候，甚至还想过最坏的情况自己从网上订零件，再找便宜些的路边修理工安装。

各种烦扰着我不想去面对的问题，最终不得不一个个解决。那个最初看似天大的过不去的坎，就这样慢慢地走过了。那些我攒着想要花得更有意义的积蓄，也不得不拿去为这灾难买单。

事发之前我想都不敢想的事情，也就一件件地面对了。回头看，多大的灾难，总是要过的。

你的韧性，在每个你选择面对的瞬间，成长了起来，默默地陪伴你，超于了自己的想象。

NO.03
魔咒般的预言：灾难成三

从别人手中短租的这间屋子，虽然感觉地方没那么安全，门锁很难用，每天要花五分钟开门锁门，但是可以步行上学，随时去实验室，因此也安心了许多。另外，我的其他朋友们都住在学校附近，我便多了许多和他们共处的时光。在欢闹的朋友圈里，我渐渐忘记了那天雨夜的事情，似乎也逐渐找到了自那后丢失许久的安全感。

直到，又一个感恩节降临。

● 感恩节被盗

如去年一样，这本是又一个亲友相聚、享用火鸡大餐、抢用购物折扣的日子。我从来没有想过，这么温暖的节日，可以那么惨淡地结束，以至于我希望自己压根没有去庆祝那一天。

感恩节那天，我照例收到了 Lara 的邀请，却不得不遗憾地回绝，因为有实验室项目在身，出差在即，有些事情必须在感恩节假期完成。好在是和朋友一起做实验，两个人一起做事，更容易忘记这个时候美国人民都在度假。

Lara发短信跟我讲："我也喜欢自己的工作，但不像你那么热爱，居然可以牺牲自己的假日去工作。"

其实，这不完全是我的选择。既然做了助研的工作，便不得不应对项目和老板的要求做出妥协。然而，我很乐意这样做，因为想到这付出的背后是成长，想到可以带着成果出差向合作公司交代，成就感完全战胜了错过假期的遗憾。

带项目的学长跟我们讲过，他曾经在感恩节假日还赶过项目提案，这就像在中国除夕夜加班一样。但是，看到学长现在的能力，我不得不佩服那些努力成长的人，默默许诺要加入他们的队伍。

暖心的是，加班的时候，我们收到了朋友的短信，说要等着我俩做完实验一起吃大餐。就这样，我们期待着晚饭的聚会，干活更有动力了。

实验结束时，已是晚餐时间。我们如约来到好友常的公寓。一进门，桌上已经摆好了他和其他朋友们准备的美味。感恩节特色的烤火鸡躺在中间，被一堆特色中国菜围绕着。大多数中国人，无论走到哪里，还是最爱中国菜，留学生们太了解这点了。朋友相聚，美味相伴，节日气氛瞬间就弥漫了。而饭后的特殊活动，也算锦上添花了。

那晚，我向大家推荐了K歌手机应用。作为中国大学生最常见的娱乐项目，KTV在美国却太难见了。在这儿，人们会在河边纵情摇滚，会在酒吧舞台高歌，却鲜见国内随处可见的KTV。于是此应用一经介绍，迅速被当晚的我们下载，大家即刻便开始用了。饭桌前的画面，成了每个人捧着手机、插着耳机，对着自己挑选的歌曲开唱了。甚至有人，觉得挤在一起唱杂音太大，毅然打开冰箱冷冻室，将头伸进去忘情地继续唱……

欢乐在大家的K歌声中继续着。不愿意轻易结束这样一个齐聚的夜晚，有人提议熬夜去赶黑色星期五购物，得到大家的一致赞成。我们便捧着手机，一路从公寓下楼的电梯，唱到了购物广场。黑色星期五嘛，不融入疯狂的购物人潮，这天就不算完整。

到了购物中心，停车场停满了车。我们绕着停车场转过了每个停车区，不见空位，最后不得不把车停到停车场最边缘靠近马路的地方。那儿离光亮的购物区有点距离，因而没太多灯光，显得有些暗，但能找到停车位就是万幸了。我们没多想，直接冲进购物中心。

已是凌晨，但感恩节的购物狂潮，才刚刚开始。

很多名品店前面已经排起了夸张的长队，想在美国这地广人稀的地方见识如此弯弯曲曲好几圈的长队，黑色星期五正是时候。Abercrombie & Fitch门前，两个帅气肌肉男裸露着上身，晒肌肉吸引顾客。被购物群众的热情感染了，我们也跟在长队后面等待。甚至排队的时候，我们这群人，还在对着手机唱K，高兴得没心没肺。

正如预期的，每家店都有好多优惠活动，你基本上做不到走进一家店空手出来。我借着打折买了冬天的衣服，给家人选了礼物，一件件了结着自己的购物心愿，沉浸在和朋友一起购物的欢乐中。

深夜三点多时，我们逛完了几个店，已经购物疲倦了，再没有精力继续，于是决定回家了。

我们拎着大包小包走出购物中心，还在门口拍照合影记住了这个欢乐的感恩节。横穿过整个停车场，终于走到了最边缘停车的地方。搜寻许久，找到了停在外面的车子。

开车的朋友打开车门，我一眼先发现座位上有水。"快看，座位上怎么这么多水！"我惊讶地招呼大家来看。

还没等第二个人凑过来，几秒之内，我终于意识到，是光线太暗，我把其他东西看成了水。

那座位上的"水"，其实是碎玻璃。玻璃碎了，一种不祥的预感闯进了我的大脑。没多久大家都明白过来了，有人打碎了车玻璃，闯进来偷东西了。

下一时刻，大家开始检查车里的东西。毫不意外，一位朋友的Mac Book不见了，我的背包也不见了。显然，Mac Book放在后备厢比较显眼的地方，后备厢的盖子没盖好，小偷看到起了歹心，顺便也带走了我的背包。

我的背包里，有我的电脑、钱包、车钥匙和其他我也记不起来的重要东西。

我的第一反应，不是丢了多少钱，损失了多少东西，而是想到电脑里那些迄今为止所有的重要资料和科研成果大都没有备份，包括我编写的硕士论文的算法。那些成果，我苦苦花了几个月才做出来。

有那么一瞬间，一股巨大的恐惧感袭击到我。听着耳边朋友们的抱怨和诅咒，我突然觉得什么都不想关心了。

现在看来，科研成果大都丢了，毕业的项目也相当于要重新做起。更严重的是，我想到了自己的护照，昨天刚用过，如果没拿出来过，那么也许还在包里的。这是在国外最重要的认证文件，丢了补办非常烦琐，可能要备齐材料去纽约大使馆才行。想到这些耗时耗心力的事情，我觉得好累好伤心，瞬间一点力气都没了。

然而一个人面对灾难，容许你悲伤落魄的时间总是有限的。

过了会儿缓过神来，这既然不是世界末日，我就得想着如何补救了。

● 警察也无能为力

我们报警后，警察没过多久便来了，看了眼作案现场，先对我的朋友说："你的车有保险么？保险公司会负责给你修复车的。"

接着，他过来询问了我们丢失的东西，发给了我们几张表格，让我们在上面登记住址和详细的个人信息。

我抱着微弱的希望，但愿报警可以找回我那不值钱的背包，毕竟这样的事情以前也听别人说过。

谁知道，填好表后，警察告诉我们可以走了。

什么？可以走了？可是警察对后续如何还只字未提呢。我只得自己上前询问，"请问我能做些什么找回自己的电脑么？我的电脑并不贵重，只是里面的资料对我很重要。"

警察一脸平静地回答："女士，我建议你去 Craigslist（美国大型的免费交易平台网站）上找找有没有人卖的电脑或者部件和你的很像。我想小偷可能会去那里寄卖。"

听到这里，那点微弱的希望也破灭了。先说小偷去网上交易的概率本就不大，能选中 Craigslist 上卖的概率就更小了，即使会，每天有成百上千人来自各个地方的人在 Craigslist 上交易，我怎么可能那么巧可以找出可疑的小偷？而且即使找到了，我又能做什么呢？

显然，这是个无用的建议，对我而言真没任何价值。警察虽然记录了我们的信息，但根本不会试图去调查这件事，因为他们也没有明显的线索。

就是那时，我意识到了，他们只是例行公事来一趟，转身后根本不会理会。

我很生气。如果警察知道他帮不了，为什么还要浪费我们的时间去填那一大堆的表格和个人信息？那个时候，我就只希望没叫警察就好了。这次报警，本想寻求一丝希望，却更像是雪上加霜。

警察走了，我们真的也该走了。

回家的车上，我挨个拨通每张卡的客服，注销自己的卡号和账户上的其他交易，尽量减小损失。我从没想到，感恩节可以过得如此悲惨。丢 Mac Book 的朋友说准备重新买一个，那个家境好的姑娘对丢了电脑这件事并没有十分恼火。但丢了科研成果的我，感觉心碎了，因为那不是钱可以补偿和解决的。

在这之前，我以为美国是个安全文明的国家，偷盗的事情不大可能在公共场合发生。在这之前，我以为感恩节是个充满庇护的美好节日，每个人都会是幸福的。直到有一天，黑暗的现实将遐想打破。

此后，我学会了在这个陌生的国家更加谨慎。而感恩节购物对我而言，也没有了任何吸引力。

● 收拾残局，记住教训

那晚回到家，我马上去检查自己的护照，幸好它还在，减去了我的一桩烦恼。另外一个大难题是，我那好不容易修好的车，现在唯一的车钥匙弄丢了，它就停在院子里，我却再也开不了它了，连打开车门都不行，真不知如何是好。

我被偷东西的事情第二天便在实验室传开了。有好心的学长告诉我以后一定要留个车的备用钥匙。万一不小心锁住了车门，还可以找 Lock Smith（配锁匠）重配一把。可是我只有一把车钥匙，现在也不见了，学长也不知该如何帮我了。

但他的话提醒了我，我想，有这种情况的人，肯定不止我一个，何不在网上查查看呢。果然，我在有些 Lock Smith 的网站上，看到有顾客留言说自己车钥匙只有一把却丢了，店里的工作人员只要知道车型和车的认证号，便可以配一把全新的钥匙。

这个发现让我激动了一下，本以为没法解决的事情，竟也有了转机。第二天，我便预约了一家 Lock Smith 的工作人员。来了一个年纪轻轻的小帅哥，一个小时就神奇地配出一把新的车钥匙给我。

再后来，我将感恩节被偷的事情说给 Lara 一家听。她的岳母 Betty 告诉我，她也有过类似的经历，有可疑人物在她的街区闲逛，试图入室偷盗。为了安全起见，无论何时她放了贵重的东西在后备厢，她总会开车到另一个地方，确保没人跟随她，她才会放心地长时间停车。

"你不是说离开车之前还从包里拿东西出来了么？ 小偷肯定在

你们放东西的时候早就盯好了，等着你们离开后伺机而动。"Betty
一脸肯定地分析道，叮嘱我以后一定要特别小心。

我这才吃惊地发现，我的美国朋友Lara对这段时间我的不顺
很是同情，在安慰的同时，她偶然的一句话，却让我总也忘不掉：
"看来最近就是你倒霉的时候。我也有过类似的经历。我们有个说
法，灾难连来三次，就会彻底走开。你这车祸加上被偷，算是两次
了。"

可惜有时，越不想记住的话，却更加忘不掉。为了自我安慰，
我回应了Lara："因为车祸的事情，我已经被迫搬到学校附近的公寓
了，现在是付着两个地方的房租，我觉得这算个大灾难了吧。能凑
够三个了么？"

"噢，这样看来，你的坏运气该结束了。"Lara答道。显然，她
没看出我内心的不安。

● 出差回家发现车窗被砸，成全了第三个灾难

可惜，我寻求得到Lara关于三个灾难的认同，却改变不了事物
运行的轨迹。我所说的第三个灾难，没被算作灾难。因为第三个灾
难，继而真的来了。

感恩节后不久，我去外地的一家公司出差。顺利完工的喜悦，

在归来的时候，被第三个灾难洗劫一空了。

第二天早起，我途经自己的车，顺便走近看了一眼，发现驾驶室的车窗被砸得粉碎。

那时的抗打击能力，已被前两次的霉运锤炼得强大些了。我以最短的时间调整了沮丧期，拿出手机拨给了车祸之后我光顾过好几次的那家修车店："您好。我的车窗又被砸了，请问能在您那儿低价修理下么？"

"没问题，我们帮你找个便宜些的车窗玻璃安上，花费预计在200美金左右。"电话那头的修车师傅讲道。

又是一次破财消灾。我已经没有太多力气愤怒了，也没有多余的安全感可以丢失了。

据后来和朋友分析，小偷一定是看我的车好几天没有动过，瞅准了便想砸窗户看看有没有值钱的东西。我的导航线放在外面，可导航是放在车座旁的盒子里。小偷抱着试一试的心态打碎了车窗玻璃，竟也乐得偷到了导航去换钱。听说我住的那个小区暂时也不是很安全，所以才会有小偷经常出没。

自此以后，虽然我暂时还是不能开车，但不会再将车停在我家楼下。我把车开到了另一个更安全的小区长停，还会隔天换个地方，不给别人留下这车长久没人开过的印象。每次挪车的时候，我便像又安心了些。

　　我不再轻易出去玩了，除了待在学校就会回家静静看书、烧饭。我开始过起了有条理的安静生活，学会了小心谨慎，学会了保护自己。从那时候开始，正如Lara说的，灾难再也没来找我。

　　我不知是该归功于那个灾难成三的传言，还是自己历经灾难之后终于学会了怎样保护自己。

NO.04
独立是自己选的，仍是被爱环绕的孩子

● 履行照顾自己的职责

既是灾难成三，我想，在我的车窗被砸碎后，厄运该是暂时到头了吧。然而，我没法想着破钱消灾潇洒到转头就忘。这段时间，内心的不安全感，仍在一点点吞噬着我。

bmp远在另外一个城市，几次出事之后，我的脑海第一时间是空白的，想着别让他担心，竟也连打电话的力气都没了。事情稍作处理后，我才告诉他发生的一切。他说只要人没事就好，修车等事情都别担心，他要把自己的车卖掉换钱给我去修车。

我感动于他看待事情的简单和不顾一切，也生气于他这毫不实际的解决方法。比如修车，我期待的解决方案是能找个人工费便宜点的修车店，或者自己买部件再找路边的修车工解决。bmp则不擅长在这些小事上做打算，我理解他。而这次，他轻描淡写地用言语化解灾难，我想着那个惊慌的雨夜，就觉得远在千里之外的他，感受不到我的心情，也不能在需要的时候出现在我身边。

当时间让我能稍微平静下来看待发生的一切时，我反思着这些负面事件给我的影响，以及鉴于目前我俩地理上的分离，我必须自己照顾好自己。

事情解决之后，我也终于敢鼓足勇气用QQ告诉妈妈。这些事情多少都是我不小心造成的，以前因为这毛病没少被妈妈说，开始还很怕她责备，尽量将一切讲到似乎没什么大不了。

QQ那边传来的，却全是安慰和心疼的声音。一向对我严格要求的妈妈在地球的另一边只想着女儿的委屈。妈妈说我出事的那几天她总是失眠，隐隐地感觉有事要发生，没想到竟是我在外面出了问题。

妈妈一语道破我的小心思："是不是心疼辛苦攒的钱都用来处理这些事情了？我的女儿我最了解了。别管这些了，你人没事就好。"

其实现在只能这样想了，本想趁着实习多积攒些。过几个月妈妈便要过来，现在的我可以经济独立了，终于有机会能自己花钱带妈妈出去玩、给妈妈买东西、为她做些事了。可眼下，却是连驾照都没搞定，我甚至不知道那天怎么去机场接她。

妈妈帮我想办法慢慢走出这种不安全感："最近可以适当少和朋友出去玩，自己在家看书学习也是一种心情，这样慢慢你就会安心了。"

妈妈说的没错，正好少出去玩也少花钱，现在全力补做装在那台被偷电脑里的数据，也需要大把时间。在工作中，在独处的时光中，我的心也慢慢安定下来。

● 友情陪伴，帮我编织保护网

那段日子里，实验室新来了一位北航的访问学姐眉，又是一个和我一见如故的天秤座。她做得一手好菜，家离我新搬去的地方很近，我们便商量好一起搭伙做饭，凑个热闹心情。

每天工作结束后，我会直接跑去她家。一起洗菜切菜，再一边聊天一边看她巧手炒出美味。

眉常在炒菜的时候提起她的父亲："我爸爸每次出去吃到好吃的，回家准能重做出来，味道和饭店里一点不差！"

我艳羡着叔叔的手艺，一边迫不及待地张望着锅里的菜。

饭菜好了，我们会一起搬去眉的卧室，摆在她的一张小矮桌上，再拿出两个沃尔玛的坐垫放在两边的地上，倒上两杯橙汁，晚餐就准备就绪了。

家具虽简单些，但这样的晚餐绝对幸福。

眉接着讲起自己的父亲："我的手艺都是我爸教的。他一般不让我做菜，每种菜只让我做一次，爸爸说会做就好。我小时候家庭条件一般，虽然没穿过什么太好的衣服，但我家的伙食，绝对是一流的。"眉说起这些，掩不住的自豪。

许多个夜晚，在那张小矮桌前，我们共享着美味、闲聊着生活。

眉也许并不知道，她许多个小小的关切和陪伴，都是我在重新编织保护网时的一针一线。

眉和后来男友的认识，恰是随着我撞车的厄运而来。室友实验室的博士后姓房，我随着室友叫他"房老大"。和我们实验室博士后监督工作的角色不同，房老大更多是在帮助和指导我室友。用我室友的话说，她是被房老大罩着的。无论从专业上还是生活方面，房老大都会热心地帮忙。

撞车后，我暂时不敢无证驾驶了，便托房老大帮我把车开到找好的修车铺。那天正好眉也一起去了。他们两人同是来自国内的XX学校，聚在这个异国的城市还真是有缘，便这样熟悉起来。

还记得从修车铺回来的路上，我望着开车的房老大，略带绝望地对他讲："我感觉自己是不是永远拿不到驾照了呀？"

"不至于。别担心了。过段时间就能重考了。"房老大安慰道。

"真的。只因为现在我没法考驾照，才更觉得这东西好重要。在这边不能开车就像不能走路一样。没有驾照我要愁坏了。"我借用了室友曾经的比喻，此刻觉得它这么真实讽刺。

不能开车，即使买了车，现在的我想要出去，也得一次次请别人帮忙开车。每次开口，心里总觉得过意不去，下次开口便难上加难了。

房老大试图引导我分散注意力："没事的，你现在不挺好的。至少你不是单身吧，不像我，还愁着找女朋友呢。"

想到千里之外的bmp，真是生活中遇到问题，也没法找他帮忙，我半赌气半认真地讲："我觉得单身不是问题，没驾照才是问题。要在终身没驾照和暂时单身之间让我选择，我肯定选暂时单身。你呢？你觉得哪个比较重要？"

房老大笑了，不假思索地答道："我当然选找老婆了！"

我心想，这都是没像我一样经历过驾照灾难的人才会这样想，不服输地继续问："那你有了老婆，假如你俩都在美国，又都不能开车呢？"

想想那样的生活，多少不方便呢。房老大被我这幼稚的假设问住了，但还是耐心地回答了："那我们就找别人蹭车，总能想到办法吧。两个人的人缘不至于那么差吧。"

在这段毫无营养的对话中，我却是感受到了房老大的乐观，也在这气氛中告诉自己，真的没什么大不了。

暖心的人总是秉性相投，房老大和眉便是这样。没多久后，房老大的餐桌上便有了眉的手艺，两人自然而然成了好友。相处的过程虽漫长，但两人最终也走到了一起。

● 分隔一年多，终于和妈妈在美国团聚

六个月不能考驾照的限制，最初看起来遥遥无期仿佛天要因此塌掉，却也不知不觉地接近了。

妈妈来美国的机票已经定了，离我第一天能考驾照的日子只有十多天时间。也就是说，我必须在十多天内考到驾照，否则妈妈来美国就只能每天闷在我卧室了。

在我的精心准备和复习下，驾照终于拿到手了，那一刻我兴奋极了。

妈妈抵达美国的日子，终于姗姗来迟了。那天清晨，我开车送了实验室的朋友去机场。拿到驾照，可以自己开车去送别人，我心里别提多开心了。

晚上，bmp从他的城市赶了过来，接着就匆匆冲进厨房做晚餐了。这是妈妈来美国的第一餐，我们决定还是做成中国风味，让吃不了飞机餐的妈妈舒服地吃顿饭。

时间快到了，我们计划好提前半个小时出门，却跟着导航走到了一个荒凉黑暗的地方，只能原路返回。这样一折腾，却是迟到了。

我冲进辛辛那提旅人并不多的机场，一眼便看到妈妈坐在长椅

边看手机，脚下躺着两个大箱子。

一年多没见了，这是我们母女最长的一次分离。尤其对于妈妈，她不像我在学校有许多事情要处理顾不得多想，我不敢想象，我不在的日子里，她许多的空闲时间，是怎样被思念占据的。

此时，除了以最快的速度冲上前去挽住妈妈，我一时没了话讲。

这是 bmp 第一次和妈妈见面，他有些局促，也不知该说什么，礼貌问候之后，拎着箱子就走，只能安静地充当司机，听我一路上给妈妈介绍辛辛那提的夜景。

许久没见，妈妈还是最美的妈妈。长途十八个小时的飞行，她仍把自己打理得美丽整洁。再次听到这熟悉的声音，感受到妈妈的温度，整个车厢里都是温暖的。

到家后，妈妈对着我们准备了一桌或炒或油炸的菜式，胃口也小了许多。

美国国际航班的套餐出了名的难吃，妈妈又吃不惯西方的食物，定是一路没怎么多吃。本想多做点有营养的菜给她补补，忽略了喜食素食的她可能只想吃一盘凉拌蔬菜。我又在这晚餐中强加了自己的想法。

这晚，隔了一年多后，我又能和妈妈钻进同一个被窝了。

有人说孩子不能总和父母在一起睡觉，这样不利于孩子独立。我从高中开始就在外地读书，每逢回家还是和妈妈一起睡。我已经不需要用哪种睡眠模式证明自己的独立。习惯了在路上的日子，即使到了二十多岁，妈妈的被窝，也是难得相聚必去感受温暖的地方。

那段时间，bmp陪着妈妈买菜、收拾家里，两人的关系也近了许多。妈妈跟着bmp，近距离地看到了我们的生活。她看着bmp比较菜的价格，看着bmp因为美国超市的大米太贵会换个超市买，看着他把事情处理得井井有条。妈妈知道我们在异国可以互相照顾的同时，放心了，却也操心了。

此外，还给我做了很多温热可口的家乡美食，家中一切被打理得井井有条，我整个人都被幸福感包围了。

2月14日情人节，我借口生病，没有去实验室，而是带着妈妈去了bmp读书的小镇。从那儿出发，带着妈妈和朋友一起拼车去了华盛顿，在那儿逛了美国国会等标志性建筑，走访了许多个博物馆，直到我突然生病再也走不动了。因为实验室没有假期，那是我利用周末唯一带妈妈去旅游过的美国大城市。其他时候，我尽量找机会带她去当地好玩的地方、特别的餐厅。我好希望，能带她去看更多的风景，那时却只能为妈妈做这些了。

● 我的两岸家人

带妈妈看风景之外，我也向她介绍一些美国文化。给她印象最深刻的，便是Lara一家。他们是我通过当地教会的友谊家庭项目认识的，因为他们领养了来自我家乡西北小城的一个小女孩Lia，自觉非常有缘，经常来往。每逢美国节假日，他们一定会邀请我加入他们的庆祝活动，他们会悄悄记住我的喜好，老早就准备好我的圣诞礼物，他们介绍自己的家人给我认识，把我当作他们家庭内部庆祝的一份子。他们关心我在美国学习、生活上遇到的一切困难，分享他们的经验，介绍他们文化的规则。他们的孩子们喜欢和我玩耍，每次相聚都不舍得我离开。面对Lara一家，我可以畅所欲言。他们的关心和照顾，让我不时地感受到爱的温暖。忙碌的学习生活之外，和他们的交往，是这个陌生国家最暖心的部分。

妈妈常说："Lara一家，就是你在美国的娘家人嘛。"

最开心的一件事，是借着和Lara一家一起庆祝中国传统节日的机会，带着妈妈参加了晚会。

那个晚会，是辛辛那提大多数像Lara一样领养了中国孤儿的美国家庭都会参加的。终于，我可以将妈妈介绍给Lara一家。虽然他们语言不通，但有我翻译也没有影响交流。

妈妈用她看惯了中国特色的双眼打量着这个陌生的环境，尤其是看到Lara一家对Lia的爱护，满眼都是温暖。

她悄悄告诉我："我一想到Lia当时被遗弃在孤儿院，到了这里有一大家人爱护她，心里就满是感动。这孩子的成长，因为Lara一家的领养，从此就大不同了。你看她和Lara多亲！爷爷宠她的样子就像我们国内老人宠孩子一样！Lara一家人真好，Lia跟着她们好幸福！人要怎样的境界，才能做这么多好事呢？"妈妈说着，我看到她眼里闪着感动的泪光。

临告别前，妈妈让我向Lara一家翻译："非常感谢你们照顾我女儿。对我而言，你们就像她在美国的家人一样。我真的非常感激！"

我翻译这句话的时候，妈妈和Lara一家的脸上都满是笑容，我却因为这突然的感动眼眶湿润了。

妈妈来之前，还去庙里求了平安符给我，以她相信的方式帮我去除霉运。她还带了几根红丝带，叮嘱我绑在车上，可以保平安。妈妈也知道这是迷信。我全部照做了。无论这样是否科学，我将它们看作是妈妈的庇护。有了这庇护，我安心了，我的安全感也一点点回归了。

● 暴雪天气送别妈妈，我留在另一个世界继续成长

妈妈临走的前一天，天气预报辛辛那提今年最大的暴雪即将来袭。

我赶忙奔回家，打客服改了妈妈的飞机航班。为了不耽误航班，下午我便开车带妈妈去了机场，当时天上已经密密麻麻地飘起

了小雪。

那晚，我和妈妈在机场度过了团聚的最后一晚。这机场不如国内的火车站热闹，晚上没人在这熬夜候机，凌晨一两点的时候连工作人员都不见了。若是我一个人，还会有点害怕。

我还没习惯熬夜，那时候已经开始迷糊了，妈妈说她不困，让我躺在一旁的桌子上睡觉，她帮我守着。我叫她休息会，她硬是不肯。想到明天还要打起精神工作，我便不顾形象地躺在机场角落的桌上睡觉了。

当然，我是睡不着的。妈妈心疼我要这样度过这一夜，说下次一定要住附近的旅馆，不让我这样了。

其实我一点也不觉得委屈，当年家乡雪灾的时候，我在火车站等三天两夜都撑过来了，与现在这环境相比算是享福了。只觉得这样让妈妈心疼。

第二天早晨五点，我便带着妈妈一起准备寄送行李和登机事宜。幸运的是，排队时认识了一个面容和蔼的中年人，他正好也去妈妈转机的纽约，我便托他带着妈妈去找登机口。他俩语言不通，我只能叮嘱妈妈跟着他，自己也操点心。

临走之前，我犹豫再三，还是决定额外麻烦他，如果方便的话，请他送妈妈去转机后的下个航班。

他爽快地答应了，然后递了张名片给我，也记下了我的号码，说会给我发短信告知情况。

我无比地感谢他。低头看一眼名片，原来是微软的高管。幸好不是在职场，我才能坦然地跟他要求这么出格的帮助。

暴雪结束了，尽管妈妈走前叮嘱我在机场等到下午雪被铲走些再回家。但我想着早点回去补个觉，下午也不会影响工作。

早晨七点多时，暴风雪停了，我没有耐心等到阳光融化积雪，便开车出了机场。

到处都是白茫茫连成一片，高速公路已经被雪覆盖，只有车道上因为有超市运货的大卡车驶过，略显得积雪不那么厚。

出过车祸以后，我总是害怕在雨天或者雪天开车。这次我格外小心，想着系在车上的红丝带，安心地跟在大卡车后面，小心翼翼地前行。

安全回到家时，我倒在床上就睡过去了。

醒来的时候，收到那位微软高管的短信："我们已经到了纽约机场。我送你妈妈去了下一个航班的登机口，她现在正和几个中国人一起聊天等飞机呢。"这详细的短信，让我放心的同时心头一暖。

只能短信说感谢了。萍水相逢，得人帮助，这世界总有点滴细节温暖人心。

妈妈的到来，就像是给那段灾难接踵而来的日子画上句号。她的陪伴，渗透到每个生活细节中，让我重温了被照顾的感觉。

离家一年多，许多曾经习惯的细节，似乎在另一个世界远离了我，而我也被迫习惯了。习惯了回家后室友不在时无声的屋子，习惯了晚上匆匆做个晚饭再打包第二天的午饭，习惯了亲人不在身边有事自己扛着，我想这就是成长的代价吧，但也无怨无悔。

第七章

冲破黑暗

感谢毕业、求职路上的困难，让我学会怎样在独处中疏导压力，怎样让自己心怀希望。

NO.01
没有勇气面对明天

● 论文受挫，求职希望渺茫

那是我在美国，第一次为前途感到担忧。

当时的我，在一家大公司实习（硕士期间的第二次暑期实习）。同事热心友好，我所在的部门，由于不是总部，兼具了大公司的人性关怀和小公司的温暖氛围。直接负责安排工作给我的学姐，对我很是照顾。有了之前第一次实习的经验和教训，现在的我更懂得如何为公司做贡献，如何更有效地与同事、老板交流。表面看来，这一切顺风顺水。但内心里，有一株奄奄一息的火苗。

这火苗，照着我不久后的将来。

这是我读硕士的第二年了，也是临近毕业的时候。这里，有两个选择，工作或读博。

外国人在美国找工作，由于身份限制，容易处处受难。留给外国人的机会本就有限，如果不是能力特别出众，总免不了大浪淘沙之后被拍在沙滩上。也是这个原因，即使不喜欢读书的人，有时候随波逐流，就顺势躲在学校读博士了。

读博士，一投入便会是四至五年。如果现在去读，最明智的选择便是在现在的实验室。可想到自己过去两年在实验室付出的心血，想到因为有超级热爱工作的老板做榜样，两年多都不敢请假回国，全年基本没有假期，甚至周末也要加班做事，导师的任何号令就是圣旨，我退缩了。这无疑对未来作为工程师的事业前景有很大价值，但我并无心在工程界爬到很高，看着实验室的博士也没有丝毫的羡慕，只想追求自己内心认为有意义的目标，所以目前的读博之路，我固执地不选。

致命的问题在于，如果找不到工作，我就必须选第二项，因为一毕业签证就要过期，30天之内没有找到工作就必须被迫离开，这是很现实的问题。一方面bmp的学业还没结束，我们暂时不愿分别在两国；另一方面，我想拥有主动权——未来回国该是我在中国和美国的职业发展之间选择了前者，而非在美国找不到去处被迫离开。我相信，学位之外，海外的工作经验和由此而来的全球化的思维格局，会给以后回国发展带来更多优势。

摆在这致命问题前面的，还有毕业。毕业的项目迟迟没有做出我想要的结果，论文也无从写起。偶然一个晚上突然发现自己之前的分析算法有一个致命的错误，最核心的部分相当于要重新做起。当时的我，无所依靠，感觉天要塌了，感觉毕业遥遥无期。我不知道，如果毕业不了，我要怎么面对回到学校之后日复一日的压抑生活。

习惯了走在前面的我，突然发现自己被落下了，即使几步的距离，也觉得好远。而我所在的地方，是个一旦被落下，就会被淘汰的世界。

第二次实习的我，总记得这个使命：要在三个月实习结束之时，拿到老板的首肯，得到录用通知。因为前方是现实的生存问题，我已不是当初刚入美国研究生院那个涉世未深，认为一切皆有可能的新人了。

我在想：现在有一个绝好的实习机会，给我三个月的表现期之后，如果我都不能说服老板留下我，那未来要凭什么去说服另一个对我毫不知晓的老板呢？对于我们这些国际学生，除非老板看到你身上特别的出彩点，否则最终只能挥手告别。我现在的老板对我的表现，看似只是一般的满意，所以我要想办法，怎样让他认为我的加入会是公司的财富。

以上所有，像灰暗沉默的乌云，层层笼罩着我。那个夏天的实习，成了我在"阴天"里的无力挣扎，微弱而持久。

白天的工作之余和晚上下班回家，一直在想对策。一边找寻着网上的工作机会，一边按照每份工作的要求整理简历；一边思考着改进论文的算法，一边联系着实验室的同事寻求建议。除此之外，还要找时间回顾白天的工作，琢磨着怎样做得更好些，才能赢得老板的首肯。

我尽力克服着内心对失败的恐惧和不安做事，希望努力的事实，可以带给我安全感。

那个时候，眼看着时间一点点流走，我要做的任何事情从短期来看，每天那一点点的调整似乎没有任何改善。

于是，我内心有了一种感觉，叫"没有勇气面对明天"。是的，明天起床，我找工作没有进展，论文的结果还是错的，公司的工作没有出彩，所有一切都会是糟糕的样子。而许多个明天以后，三个月就过去了，我就只能选择回去，不敢想象无法毕业的后果，不敢想象如果被迫读博，我是否会依靠惯性工作，失去选择未来的勇气。

● 收集许多个日落：大自然治愈挫败感

怎样面对明天呢？一辆自行车，改变了我的现状。

我的同事之一，是铁杆的骑行党。他听说我想骑车，便热情地答应我要把自己女儿的自行车借给我。

当时公司安排我住宿的宾馆附近，有个草场公园。公园所在区域安全，附近的小区亦很安静。傍晚时分，总能见到三三两两散步的、骑车的、小沙滩上打排球的身影。自从有了自行车，我也成了路人之一。

傍晚下班，天黑之前，蹬着自行车游荡在公园里。看到草儿静长，路儿蜿蜒，阳光透过绿色柔情耀眼，父母带着学步的儿童散步，大一点的孩子骑着五彩的自行车追逐嬉戏。附近的小区里，别墅不是很豪华，大多是白色，看上去简单典雅。不知为何，公园里有一大半人是印度人，经常看到丈夫带着妻子、小孩出来，或者丈夫带着怀孕的妻子散步。他们，也许是从自己国家迁移到这儿的吧。

骑到我常去的公园一角，停下来读读英文。自从来了美国就没见过有人读英语了。为了找工作要把英语练得更好，就在傍晚闲逛的时候加点油。

读完书，继续骑行。公园不大，我总会恋恋不舍地转好几圈。

前方拐弯处，我只稍稍减速了，转弯后才看到迎面来的老爷爷老奶奶在散步。眼看我的车这样下去要撞到老奶奶了。我车技不好，胆子又不大，为了安全，在离她还有一两米的地方，索性跳下自行车稳住了。

短短几秒，紧张的不只我一人。我跳下车的瞬间，老爷爷用力拉住老奶奶把她转到自己另外一侧，稳稳地护住了她。我在老爷爷的脸上，看到了那瞬间的紧张，和保护老奶奶周全之后的释然。在这个年纪，还能因为对方的一点小事紧张，无论如何护她周全，我被这温情的一幕感动了。

向他们道了歉，两位老人还很温和地和我开玩笑。告别后，他们牵着手走了。我望着他们的背影愣了几秒，眼角潮湿了。

一路骑行，看人之余，我更多的是抬头看天。

夏日晴朗的白天娇艳明媚，浅蓝的天空搭上白云朵朵，可以尽情拥抱蓝天白云。而在傍晚，日落时的天空，更具姿态，或是晚霞映着渐暗下来的天空尽力燃烧着最后一秒光芒，或是云朵散落成各种形状描绘天空，或者雨水来临之前的乌云连成一片，席卷大半个天际，于是大片的阴暗中透出些许光亮。每种景象都姿态动人，都让我心生触动。

更动人的，是日落西山的色彩。

我向西骑行，沐浴在最后的日光中，仔细地观察着天空的云朵。它们形状各异，色彩也不同，粉色、紫色、灰蓝、浅黑……日落的天空，上演着洁白的云朵向着完全黑暗的过渡。这每一秒，都打动着我，与此同时，我感觉到自己的心在被治愈。白天发生的所有事情，脑子里的一切烦恼和一切担忧、压力，都在这日落无声的景色中消失了。

无论这个世界给你的生活安排了什么，自然，总是宽怀地赋予每个人同等欣赏它的权利。

思绪随之飞扬，想到了那些曾经感受过沮丧失望甚至想过要放弃的人。他们一定也见到过这样的天空。很有可能，这样的瞬间同样打动了他们，支撑着他们走过了那些阴暗的岁月。生命中总有这样的美好瞬间，即使短暂若飞，但它留给人震撼的美丽，让人们愿意为了那些瞬间，走过眼下艰难的岁月。也许我的情况不那么糟，无权多说，但就在这些瞬间，我感受到了和他们在自然中的共鸣。

治愈系的日落，让我重获希望。是的，也许我懂得不够多，不懂怎么在公司的测试器上采集信号，不懂哪个市场更适合现阶段的研发技术。我仍在挣扎着改进论文算法的精度，仍然看不到毕业的一天。但又有何妨？我就是我，仍然可以为此刻的自己开心，对即将走入的未来充满希望。走了和别人不同的路，不必期待每个人都欣赏这条路。只要始终抱着最珍贵的个人所有，独特的自我意识，就可以在看似绝望的路上，走出希望。

NO.02
转机不是一瞬降临

据我这些日子的观察，老板对我的印象应该只是一般吧。我看到过他在我发言的时候打盹，看到过他和组里同事讨论问题的时候忽略我，感觉得到和他接触的时候并没有太多聊的。他在公司三十年了，对产品设计很有心得，和我的专攻方向并不相关。所以我不懂他，他只懂我一点，我做过些尝试去改变自己，靠近他的本行，成效不大。他组里是确定要招新人的，合适的实习生，会被老板告知留下来。我的实习接近尾声了，心里有底，没有收到邀请，挥一挥衣袖走人，绝对是情理之中。

没想到情理之中的事情，也会有柳暗花明的转机。

● 在职场：换个思路努力，另辟蹊径

我实习的公司部门，以传统产业品牌在行业立足，主要生产硬件，因而需要的员工技能都以设计和质量控制为主。近几年，随着大数据时代的来临，不少企业都加入了软硬件结合发展的行列，争相想走在行业前列。

我的这个实习机会，正好源于公司想要开发一个相关的新项目。

对企业而言，提出尝试一个新兴事物虽简单，但从决策、市场研究、典型系统开发到最后的项目启动，却要经历很长的时间。这个时间，与公司的业务大小有关，一般越大的企业，改变越难，最快也要一两年。

而其中改变最艰难的部分之一，就是员工的想法。大公司的员工大都待得久，他们做现在的工作几年甚至几十年，即使乐于接受新事物，潜意识里的陌生，也是不可避免的。

我的到来，是部门尝试新兴事物的一小块拼图。而老板和我的有限交流，在我看来，也和他潜意识中对我所做之事的陌生有关。否则，他怎么会在我第一次给全组介绍自己过去项目经验的时候睡过去？

实验室的同学给我支招，让我业余时间恶补下产品设计的知识，争取出些新点子提给老板。直接负责带我的丹姐，也主动告诉我有什么想法可以先和她讨论，如果她觉得可行，再由我提给老板，可以帮我争取机会。可是，我就是不喜欢产品设计，在几天的时间里了解特定产品的设计，并且能提出行业里几十年的老手都看不到的改进方案，这对于我，简直是天方夜谭。

于是，我直接放弃了这条靠修炼产品设计自救的路。换个思路，能另辟蹊径么？

我人生的第一份实习教会了我一点：公司需要的人才，应该能在实习期间做到公司不曾从其身上期待的事情。这句话的英文更为精妙，叫"go extra miles（多跑几迈）"。这额外的贡献，只要留心努力，总有机会的。于是造就了我走的另外一条路。

公司的产品测试区有一个测试设备，每天要经历几万个循环，去检测每个产品的使用极限。作为每个型号的产品必经的测试环节，许多待出场的产品都排着队等候这台机器叫号。而一旦一个产品测试到了极限，该换下一个产品的时候，如果测试人员不去检查，就无从知晓。这样，产品的切换之间或许会有很长的等待时间，也因此造成了公司时间和效益上的损失。

观察到这点，我惊喜地想到，可以结合自己的专业技能，做一个小型软件分析模块，采集仪器内部的测试信号，在通过算法分析检测到产品即将到达测试极限的时候，由软件模块给测试人员发短信。这样一来，测试人员就不用总去检查测试进度，也不会因为没有及时发现而导致设备长时等待，人力、时间、效率三方获益。

最重要的一点是，这是我能够做贡献的地方。和产品设计相比，至少这枝高枝，我可以够得着。

我和丹姐提过这个计划之后，她非常赞同这个想法，很积极地帮忙联系采集数据和通信方面需要的资源，也安排了和测试负责人的会议，给了我和更多同事交流的机会。

会议上，我们聆听专业测试人员的建议，提出我们从数据分析中所得的发现，一起讨论交流。这样的会议，作为实习生，我不再是一个单纯的聆听者，也可以在向同事学习的同时，和他人分享知识经验，有了不同的成就感。

一切都不是一帆风顺的。记得开发模块的分析功能时，不知从哪儿读取信息，方案一筹莫展。想要让软件自动发送短信，设计好了接口却总是发送失败。但困难的同时，也获得了多方的帮助。丹姐帮忙联系了设备的开发商，询问数据的存储区，通信人员帮忙调查了发送错误的代码，开通了另外一条通道。所有琐碎又关键的问题，就这样一项项解决了。

为了达成最终目标，我常常到了下班时间还坐在电脑前做事。熟悉些的同事，总会在走之前友好地开玩笑提醒我，"Don't work too hard!（别太拼了！）"美国人很讲究工作和生活的平衡，员工们会尽量在规定的工作时间内完成工作，很少拖延或加班。只是现在的我，必须为了期待的结果努力。这努力，在别人看来，许就是个工作机会。可于我，关系到我是否要妥协于不得已的未来，是否能证明自己有自由选择的能力。于是，此时不拼，更待何时？

当我费了许多功夫终于成功安装了我开发的软件模块并测试了通信功能后，在产品测试到极限的时候，测试人员第一次收到了我为他们设计的自动化信息，鼓励和赞赏也随之而来。

这个计划，一方面将我的专长和公司几十年的老业务联系起来，让我的老板亲身体验了我这块新的拼图可以贡献的地方；另一方面，老板由此主动提出要让这个测试设备，作为新项目的试点。这虽然带来了许多新的工作，但只要能引起兴趣，我的初步目标就实现了。

转机，不是一瞬间降临的，是眼看着期限将至，却一日日不放弃地努力。不是所有的盲目努力都能带来转机，动用了自己的独特想法，发掘适合自己的出场方式，才能在黑暗中，用石头擦出火花。

● 你做好的任何一件事，都可能成为老板欣赏的原因

还记得在离实习结束不到一个月的时候，老板仍迟迟没有抛来邀我留下的橄榄枝。为了缥缈的未来，我只得鼓足勇气，放下矜持，走进他办公室和他聊这件事情。

"对不起，但我们部门以新产品开发为主，暂时可能更需要懂得产品开发的人。"老板讲话的时候，仍是一如既往地面无表情。

我快快地询问了些相关事宜。老板礼貌回绝的同时，答应我会考虑我的申请。

还记得当初走出他办公室的时候，我的心，彻底灰了。

过了一两个星期的时间，一天早晨的例会结束后，老板叫我去他办公室。

一直以为这老头不喜欢我，被他单独点名，心里很纳闷。

他简单直接地讲道："我想要重新考虑下你的申请。我们部门也需要员工有不同的技能，你的特殊专业也可能会发挥不一样的效果。设计方面倒是可以跟同事学，你会XXI软件么？"

听到这，话峰一转，不禁心中暗喜。虽不能高兴太早，但我毕竟嗅到了柳暗花明的气息。"我的本科毕业论文就是以结构设计为主题的。XXI 软件我不曾用过，但我用XXII做过设计，我想原理应该相差不多。"我也对他坦白了。

"这没关系，你用过XXII，我相信用我们的设计软件一定没问题的。"老板此时一反之前"很抱歉你没戏"的态度，大度了许多。

我好奇于老板态度的转变，想侧面打听下究竟是我做的哪件事让他改变了主意。

老板说："你工作非常认真，尤其是每周的书面工作汇报，总结项目进展、前景和挑战，我觉得写得非常好。另外，你专供的技术，可以为公司带来很大价值。我们可以用测试设备作为新的项目试点，做出能呈现给顾客的结果。"

早在之前，丹也问我是不是常读书、常看英文小说，因为她仔细读了我的工作汇报，觉得写得非常棒。这大概是我最喜欢听到的赞美了。

本以为，这个每周邮件发送出去的例行工作汇总，老板业务繁忙并不会仔细看，没想到他竟有印象。在美国这个大多数人用口才走天下的职场，我的文字，竟为我赢得了一片天地。

接下来的谈话，也变得愉快顺利。我谈了谈过去的经历，老板还很友好地向我介绍了他的选拔标准，和每个应征者的面试进度，我也从中学习到不少。虽然目前看来，竞争和机会并存，但至少，看得到希望了。

在我离开实习公司的时候，这一次，我带走的终于不再只是告别，还有同事说希望我会加入他们的期待，直属老板邀我回来参加最终复试的通知，以及总部大老板发来的肯定我对公司所做贡献的邮件。

NO.03
毕业来得好突然

每次结束暑期实习重回实验室，都是一次新的开始。这次开始的主题，叫"毕业"。

在导师的鼓动下，我很早就参加了博士生资格考试。过了这关，就意味着只要想读博士，随时就能开始。而我之所以参加考试，嘴上说是让自己多些选择，更多是对导师的一种顺从。毕竟导师如老板，决定我经济来源的人，尽量避免反抗。私心里，我打定主意，一定要争取找到工作，尽早毕业，告别校园。

● **导师的劝谏：决定了毕业时间，播下了职场定位的种子**

于是有一天，有了和导师深谈的机会。很久违地，和他面对面坐下，听他讲一些过来人的经验之谈。

"小蕊，你真的不用急着毕业，急着找工作，一个人足够优秀的时候，机会会来找她。"他一边奉劝一边肯定地讲道。这话，我忽略了前半段，却十分认同后半段。是的，所以我才一直努力，想变得更优秀啊。

"你知道丹么？你知道她是怎么去XX工作的么？"导师信手拈来一个完美的例子。丹是早在我入学之前就毕业了的学姐，也是实习期间负责指导我的上级，我从同学口中听说了她的故事。她在一次会议上做报告的时候，没讲几句，就被XX的大老板看中了她的口才和反应力。于是，尽管她和学校已经签了工作合同，大老板向我导师表达了欣赏此人的意向之后，导师就推荐她去XX工作了。

"我听说过学姐。她就因为一次报告，就被老板选中了。她非常优秀。"我回答。

"是的。机会就是这样来，不用你去追赶，时机成熟了，你就自然离开校园了。"导师继续讲道。"再说到工作，我建议你，去一些能看到问题的公司。如果你选择了赫赫有名的大公司，那么你即使再努力，也是一个可有可无的角色，没有升值，没有太多上升空间。可是有问题的公司就不一样了，他们会需要你。比如你知道A公司现在有生产方面的问题，你提出了自己的改进想法，别人就会注意到这年轻人不错，就会慢慢重用你。想想以后，成为A公司大中华区的行业经理，你敢想么？"导师讲得情绪激昂，仿佛几句话，就描绘出了几年间一个年轻人稳步上升的辉煌未来。

我之前不敢想，但的确被他的情绪带动了，就在那几秒憧憬了一下那模糊光亮的未来。

导师继续讲道，"我告诉你，等你工作以后，用心做好技术，做好自己的工作就好。"

"是的，一定，谢谢老师提醒。"

接着，导师引古喻今，从三国时期的故事一直讲到今天的年轻人应该如何做人，如何规划未来。我的导师平日工作很忙，对学生要求极其严格，我有七八分怕他，但又十分敬重他。他懂历史，懂思考，用他对众多行业的独特想法，征服过数百家企业与他合作，足迹遍布全球，绝非一般人所能成就。

是的，他每学期和大多数学生说不了几句话，所以我十分珍惜能和他交流的机会。我有种感觉，在他偶尔严酷、固执和不耐烦的表面下，掩盖着致力于培养优秀学生的热情。每一位这样的老师，无论他的风格是否被常人理解，都是值得社会景仰的。

讲完了这些，回到现实中了，我趁着谈话气氛好，向导师要了许诺："请问您什么时候有时间？我想安排下硕士答辩的事情。"虽然一般导师认为学生答辩了就是要离开，不能再为实验室干活。可是因为前面的谈话，我相信导师知道我求答辩心切，不过是想告别硕士阶段，以后留在实验室读博，还是有可能的，这才敢开口询问。

"我最近几个月都很忙，下个月有个空档，你可以安排在那个时候。"导师一反之前听到学生急着毕业就生气的态度，简单干脆地配合了。几句话议定了答辩委员会的安排，我退出了导师办公室，脚步难得的轻松愉悦。

还记得之前暑假，我发现了自己论文算法的严重失误，调试不出好结果，心灰意冷，感觉天都要塌了。

回到学校没过几天，我思考许久之后，重新出发，把思路理清楚，改变了之前的算法，设计了一种更简单的分析方法，居然得出一个结果。有了之前的探索基础，这次改进前前后后，也不过一周的时间。有了这结果，毕业瞬间不那么遥不可及了，我瞬间可以开始动手写论文了。也是因为这样，我才敢和导师提硕士答辩的事情。

离开导师办公室之后，我又来到了学校的后花园散步。平时总是在午饭后不想回实验室，心情不好需要调节，工作太累想要缓缓的时候，来这里平静内心。今天不同，这一约定，让心情好到了极点。我突然敢想有天我会离开校园，我可以告别象牙塔真正开始闯荡世界了。我不用再怕别人有意无意地询问我是不是要读博士，不用再怕别人问我论文写得怎么样了。更不怕遇到那个网络上疯传的神问题："你什么时候毕业？"

因为我有答案：一个月后，我毕业答辩。

● 心里有了目标，便不在乎其他

之后的日子，一切努力都有了目标。我一边准备论文一边抽时间做实验室的项目，因为这样导师才会不停我的工资。一切并不是一帆风顺。因为要花很多时间在论文和毕业的事情上，我手头只做一个项目，进展也比先前慢了许多。

所以有次例会，导师一一询问大家项目进度，到了我的时候，却说："我不知道你在做什么。你到底想要什么?"全组二十多人的眼光，在导师话音落下之时，都聚在我身上。我无言以对，我不能解释项目进展慢是因为我在写论文，因为根据我们实验室的潜在规矩，论文是学生自己的事情，项目才是实验室的事情，例会上，只讲实验室的事情。

"你想要什么呢?"导师继续问了。

"我想要毕业，想要去工业界工作。"我不知哪里来的勇气，吐出了这个明知道会惹老板不开心的答案。

"不，你就是想要一份工作，就是这样。"导师一副恨铁不成钢的表情，摆摆手，跳过我了。

话音刚落，我敏感地捕捉到，有些实验室同事脸上一扫而过的笑意。

从小到大习惯了做好孩子，很难接受被别人用稍重的语气说话，也不想在能力方面被别人瞧不起。但是今天的我，突然可以不在乎这些了。被导师说了，我心情低沉一会儿就过去了，被别人笑了，也可以因为对方于我无足轻重就不放在心上。最重要的是，约定好了毕业答辩的日期，而我又信得过导师的为人，这样一来，毕业已成定局。

这些事情之余，我加紧了找工作的进程，实习的公司发出的终试通知是莫大的鼓励，但更重要的，必须多找几家录用公司，多些选择，也给自己多一些安全感。经过一个夏天对找工作相关事宜的研究，积累了不少经验，知道怎样找对自己的职场位置，怎样针对职位制作简历和求职信，投出去的申请也陆续有了回音。之前看上去毫无希望的事情，逐渐拨云见日了。

在那些努力的日子里，我常和雨一起留在学校加班。晚饭之后一起来到学校，她去实验室做样品，我去实验室写论文。有人一起努力，加班变成了不那么煎熬的事情。自然而然，随着时间的流逝，积累点滴的成果，一百多页的英文硕士毕业论文，也像模像样地跃然纸上了。

● 一段话的力量

硕士第二年的时候，在我开始厌倦没有喘息的实验室事宜之时，每天早晨去学校，上同一层楼梯，去同一个压抑的屋子，突然变成了一件煎熬落寞的事情。

我隐隐感觉到有一个魔咒笼罩着我，似乎永远也告别不了那时的环境，似乎会被留下来许多年，熬成一张沧桑冷漠的面孔。

一年之中没有假期，我只能趁着暑期实习的间隙出去短途旅行，或者周末的时间开五个小时车去西边的小城看bmp。因为大家都忙，偶尔和朋友周末出行，成了难得的奢侈。倒是大家经常聚在一起加班，成了家常便饭。

那些落寞死板的日子里，我看到网络上一段话，心水至极，将它抄在小便签上，贴在自己的办公桌上。

"你写PPT时，阿拉斯加的鳕鱼正跃出水面；

你看报表时，梅里雪山的金丝猴刚好爬上树尖；

你挤进地铁时，西藏的山鹰一直盘旋云端；

你在会议中吵架时，尼泊尔的背包客一起端起酒杯坐在火堆旁。

有一些穿高跟鞋走不到的路，有一些喷着香水闻不到的空气，有一些在写字楼里永远遇不见的人。"

没有人知道，是这段话，让我在同一张桌子前憧憬了外面世界里我没有看到过的风景。是这样一段话，让我在看不见的重重压力下，仍然抱着最后的希望。

我会在每个清晨看一眼这段话，仿佛可以看到，背包旅行到尼泊尔的那天，我手捧热饮，和当地的居民、同是来自遥远地带的旅者，围坐在火堆旁，享受自然的安宁和温暖。

NO.04
职场在前方

毕业答辩结束的第二天，我战战兢兢地向老板吐露心声："E教授，我想离开一段时间，回家看看。"

不知是我选的时机不对，还是表达方式有误，总之老板似乎不太高兴地告诉我："你想干啥干啥。"

实验室有小伙伴觉得我惹到老板被批了，好心跑来安慰我。其实我一点都不沮丧，那句"想干啥干啥"，正是我想要的。

那晚回家，我收到老板正式的邮件通知——"小蕊，按你讲的，既然你现在有其他打算，就不在实验室继续工作了。你的工资，我会以昨天你答辩为限停止发放。祝你好运！"

答辩结束，没有轻松多久，先是当晚在停车场被别人碰瓷毁了心情，接着又要马上平复准备下一场面试。

找工作的事情，我努力了很久。最初因为国际学生的身份屡屡被直接拒绝或婉拒，后来找到了适合自己的求职方式，简历和求职信都针对具体职位做了重点改进，总算有了潜在机会。求职只剩这一两个月了，没有找到工作，我就只等被迫离开了。

● 去小公司面试的一天，带来第一份全职录用通知

下一场面试，是去首都华盛顿的一家小公司。那里的老板建议我当天去当天回，于是我凌晨四点多爬起赶飞机，十点多赶到公司。

见到老板，先是听他介绍了公司的业务和运营情况，滔滔不绝的讲述让还没来得及吃饭的我听到头晕。介绍结束，终于到了午饭时间，老板得知我还没来得及吃饭，便打消了继续面试的念头，叫上公司的另外一名女职员一起外出吃午饭。

一路上，老板和她聊得很嗨，从他儿子帮公司设计网页，到近来的项目情况。女职员关于项目话题的职业谈吐，让我开始误以为她也是做工程这行的，没想到她的工作竟和工程毫不沾边。

午饭，其实就是我的第一场面试。他们轮番问了关于我的背景、经验以及职业规划的问题，我就畅所欲言了。我尽量多讲了些自己的看法，面试餐桌上一言不发定然没戏的。虽然我和他们没太多闲聊话题，但看得出，至少专业方面，他们对我的印象不错。

下午的安排，先是由我给公司的主要负责人和资深工程师做报告，讲我做过的项目。我提前一天做好PPT，练习了几遍，因为有之前多次给公司做报告的经验，这样的考验已经成了我展示自己的时候。

　　最后是一对一面试。我和一位俄国工程师独坐在会议室里，他给我展示公司的产品和性能，任由我提各种问题，以及决定自己是否感兴趣。接着他针对我的简历逐一提问。其中提到一点，其实主要是由项目合作者完成的，我并不太懂，但因为和此公司的业务相关加进了简历里，以便在网络筛选流程中争取机会。没想到他问得极其细致，我只是尴尬地解释了几句，心里后悔自己真不该把这条放到简历中。除此之外，其他一切顺利。

　　临走之前，我回到老板办公室。他和之前一起吃午饭的女职员坐在桌子一端，准备和我谈薪水的事情。我来之前根据网上信息大致做了薪水调查，于是说了一个自己认为稍高些的期待收入，没想到他们两人互看了一眼，没犹豫几秒便说公司能做到。看来是我要少了，但这时也不能改口了。他们也表示，如果我学校手续顺利，公司可以马上协助我申请工作签证。虽说人家是小公司，但开口总给我财大气粗的感觉。

　　面试结束后，我去了bmp的小镇，接着两人准备自驾游去大雾山国家公园玩。途中在加油站休息了一会儿，我用手机查邮件，无意中看到了来自面试公司的通知，怀着紧张期待又略害怕的心情点进去，看到了我人生第一份全职录用通知。

　　那一瞬间，所有曾经求职路上的失望、沮丧和无助，都得到回报了。我兴奋得想要庆祝，想要和曾经看着我挣扎的朋友分享。

此时身边只有bmp，我便土豪地跟他讲："我找到工作啦！你想买什么？我请客！"bmp为我狂喜，从不喜在社交媒体秀恩爱的他，马上在Facebook上发布了一条祝贺我的状态。

"就买箱水请我吧。"bmp笑嘻嘻地说。

有人找到工作开party庆祝喝到烂醉，有人大肆宴请吃爽到肚撑，我俩就在这接近深山的加油站，买了一箱水干杯庆祝。

有了这份录用，至少心里有底了。当晚，便有了我这段时间以来最奢侈的一次购买—— 一张三天后回国的机票。我期待已久的家人朋友相聚，睡梦中出现过多少次故乡的模样，突然就离得不远了。

大雾山之行，成了最放松最开心的一次旅行。在超大风极低温的山顶，一览群山秋天的绚烂凌乱，整个人快被吹跑了，更感到亲近自然于我是最棒的庆祝方式。

● 有更多选择，便有了谈判资本

再回到辛辛那提，我只等参加完最后一次面试就回国暂休。这次机会要感谢E老板的帮助，邀请了他的好友公司CEO参加我的答辩排练预演。CEO告诉我他们公司正在招工程师，我事后联系了人事部，得到了这次机会。

这个公司我之前面试过一次，因为公司业务和我的专业相关，面试进行得比较顺利，所以才有了今天的终试。

　　这是我目前为止最期待的公司。在我所面试的公司里，它不是最大的，但它是德国企业，跨国公司在美国刚起步，便兼具了大小企业的优点。如E老板所言，公司在成长期，我留在这儿一定能成长很多。

　　从和公司CEO的简短接触，发现他为人平和礼貌，对行业激情满满，又重视新员工的培训，一定会是个好老板。有几个公司的CEO会愿意去听一个硕士生答辩，还认真地提问给建议？没得说，老板对一个人职业发展的影响，太大了。

　　另外一个附加福利，此公司的美国分部起步不久，员工大多和我年纪相仿，最年长的也不过40岁，和其他公司的员工年龄区间相比，能和同龄人一起工作当然会更欢乐。毕竟一入职场，要考虑的不单是自身的成长和历练，还有工作环境能否让人长久坚持，克服朝九晚五可能带来的枯燥无聊。

　　那天的终试安排在早晨七点半。这是我久违的早起，七点刚过我便到了公司。前台还没上班，我面试的公司所在楼层只有我一个人，通向办公室走道的门上了密码，我便在会议室旁等待。

　　安静的清晨，天还没亮，站在第18层，我望着会议室大窗户外的世界，有市中心的其他办公建筑，能看到Ohio River，还有横过河的创意悬挂桥，景色非常不错。

　　最美的是，彼时太阳正在升起，冉冉的红日给我的职场上进心似乎注入了同样的能量。我在会议室旁看了日出，静静地等待这场最期待的面试。

那天的面试很顺利，主要是听公司介绍自己的主打产品，然后谈一些自己的见解和想法。离开之前，我被告知大概一个月以后会告诉我是否录用。

朋友说拿着一个录用通知就可以和其他公司谈条件，我起先觉得不好意思也难以置信，等到亲身实践过，才发现这条很好用。

首先，我告诉负责人我另外一个录用通知截止时间快到了，我得赶快做决定，所以等不了一个月，居然当场就拿到了这公司的录用通知。

到了谈薪资阶段，真的有在菜市场讨价还价的感觉。负责人在黑板上写数字，我想着办法让他加价，就这样谈判妥协到一个双方都能接受的水平。我也直白地说了，因为更喜欢这份工作，所以并不一定要和另外一份合同同样的工资，毕竟华盛顿的生活花费要高于辛辛那提。就这样，这份工作谈妥了。

我象征性地考虑了两天，便回邮件接受了这份工作。同时写了几封拒绝邮件，给那些已经发了录用通知或者还在考虑我的公司，礼貌地感谢他们愿意考虑我，并告诉他们：我已经有"东家"了，不是你！

从求职开始，遭受过多少拒绝，因为外国人的身份受过多少明暗限制，终于我也有机会可以拒绝别人了。

● 梦里出现多少回的故乡，终于重到眼前

一天后，我登上回国班机。工作尘埃落定，留学阶段暂时结束。一路的成长和收获，对得起闯荡和分离。其实，并不是非要留在美国工作，只是看到海外职场经历于未来的价值，还有国际学生在美国求职受限的现实，我听从了内心的声音，让自己不断去尝试，然后证明自己可以。

回到我成长了十多年的故乡，儿时的小伙伴自豪地向她的朋友炫耀："我朋友要在美国当工程师了，年薪40万呢！"对美国工薪阶层而言，这只是个中等水平，虽然在小城的人眼中这工资数目有些遥不可及。对于22岁的我，这是个不小的数字。一穷二白地来到这个地方，凭着知识和教育，我终于成长为一个独立的社会人。

> 没有什么沾沾自喜，更没有什么抱怨不公，一路走来的坎坷和精彩，只有自己清楚。别人会用数字来量化你的价值和努力成果，而对生活的衡量，我更喜欢用经历和见识作标准。

学生时代的异国漂流从这里结束，同时又是另一个开始。职场在前方，期待着另外一番成长。

第八章

和我一样不断前行的朋友们

这

本书内容的主人公们，和我一样，家境普通，有的甚至只是解决基本温饱和教育的出身。为了追逐梦想，靠自己的努力申请奖学金，来到美国，拼学习、拼思维、拼韧性。他们坚持了对最初目标的承诺，靠读书改变了自己的命运。

遭遇奇葩导师：什么时候才能毕业

● 悠哉的博士前半生

雨是我在美国最好的朋友，也是我当时极其挂念却倍感无能为力的人。我常和她调侃，"要是以后写书，你的故事，我一定要放进去。""我也觉得。这么坑的故事，是该写写。"雨大度地赞同了我。

雨本科毕业于中国一所普通的二本学校。当时她所在学校申请出国留学的人寥寥无几，雨是她那个年级唯一一个。她独自完成了托福和GRE备考，以及DIY申请学校的整个过程。

这是雨来美国的第五年了，没有谁能想到，故事是这样发展的。

初来美国，雨拿了奖学金读博士，学杂费只要交几百美金，每月生活费家里还可以帮忙支持。遇到的房东Mary是个热心的基督徒，帮她安了公主床在卧室，带着同住的几个中国女孩买菜做饭（别小看买菜，在以车代步的美国，这是大问题），做各种美食给她们品尝，当然也免不了周末敲门邀请她们去教堂。我和雨一起散步的学校侧边的小路，是她初来美国常和房东一起看电影吃冰激凌压马路练英语口语的地方。现在的她，虽然受够了这个城市，却也还喜爱着当初这条路上的时光。

每天上完课，雨也不用做其他事情，常会跑回家，和同住的女孩们相约做饭聊天。同是留学生读硕士的室友，看到雨这样的日程，羡慕不已，内心竟也起了读博士的念头。当然有的专业没有博士一说，室友也只好遥遥地羡慕着。寒暑假，还可以和好朋友约着去美国各地玩，甚至来个欧洲行时间也是大大的有。雨常开玩笑说，现在的忙碌，都是她当初自己作的。

欧洲行回来，到博士第二年了。博士都是有研究课题的，没有导师和实验室的支持可不行。于是，雨开始对学校的事情稍有上心了，找导师的活动就这样展开了。找了几个教授，聊了研究方向，考虑到导师的资金问题，雨最终选定了系里的大牛教授。

这位布教授，从南美来到美国几十年了，麻省理工大学毕业，现年70多岁，曾是他所在领域叱咤风云的大人物，现在想必也是宝刀未老，至少雨跟着他，博士几年的学费和生活费完全不成问题。尽管另一位学姐委婉暗示过，表示布老板做事很拖拉，雨也没多想，就欢快地跟了这位布教授，开始领工资了。

起初的日子，一样的轻松惬意，上上课，随意搞搞科研，轮到开组会了得过且过，老板也不讲什么，上面有学姐顶着，雨还没尝到博士的滋味。雨的学姐江，从国内硕士毕业跟着布老板读博士，正常本科到博士五年就结束的历程，江虽已有硕士，却仍苦苦读了六年才毕业。

初来美国就二十多岁的江，再毕业时，已是三十多岁的年纪了。庆幸的是，当初大学的男友死心塌地，跟着江以陪读的身份出国，后来在美国找到工作，两人的关系一直不错。现在的江，三十多岁博士毕业后，终于可以生宝宝开始正常的家庭生活了。我们庆幸她拥有对的人，惋惜她硕士毕业却要读六年才拿到博士，真不敢想象，若江是单身，现在的她，要面临多少来自国内家庭的舆论压力。而这六年熬出的压力，直接来源于她的导师布老板。

江毕业了，布老板快80了，高龄的他不准备也无精力招收更多博士生了，于是雨成了独苗，和实验室的若干硕士生，组成了今日的实验室阵营。

导师对博士生的影响之大，雨是最能体会的了。

布老板一把年纪，却出奇地八卦，系里的各种学术问题，甚至学生的私人问题，他都了如指掌。上了年纪的他，已基本无力做科研了，剩下的精力，百分之八十用在八卦上了。

● 选错老板，迟早要被坑的

于是，当雨结束了她悠闲的博士前身，想要开始努力做点科研成果出来的时候，终于领教到了布老板可能带给她的影响。

早晨去办公室报道，布老板开口就是八卦内容，又不能惹着他，于是雨只能牺牲原本可以用来做实验的时间，陪着他聊。大半天的光阴，就在这拖拉中，一晃而过了。我终于明白，为什么雨想要静心做东西的时候，喜欢躲着老板和实验室的同学，为什么凌晨了，雨还要跑去做实验。

今天写了科研报告，雨终于约到布老板答应一起改改了。可是，这布老板一把年纪脸皮也真厚，改了没多久就坐着闭上眼睛睡着了，雨只能等着他再睁开眼的时候再重复之前的内容。于是，三小时可以结束的事情，要拖到约三次，花三次若干小时，才能勉强完成。

博士毕业，是要发表论文的。雨静心做完实验辛苦改好的论文，发给老板审阅看能不能早点投递出去。那封邮件，老板以各种理由，在邮箱里静置了半年多，始终没有回音，雨放弃了。下一篇论文，老板要求雨一定要改，而若按他讲的改，雨觉得是错的，投递出去太丢人，也迟迟没有进展。

雨说，"这老头根本不懂我做的方向，我跟他讲他也不听，固执得要命，真不知道要拿他怎么办。"我是真想出点主意，"你耐心点，他年纪大了，好好给他解释。"雨急了，"不行啊，我说几遍又烦又急，他就不高兴了。这人的毛还得顺着摸，不敢惹。"就这样，在雨的进退两难中，和布老板的持久战，仍在进行。

说点科研之外的事吧。雨的男友后来去了外地读书，免不了两人要两地奔波。除了感恩节，布老板却从不给雨放假，周末会要求她去实验室一起讨论，名为讨论，实为八卦，就是不想让雨出去玩。于是，想要去外地，雨只能趁老板不在的时候，让实验室同学偶尔打打掩护，自己装装病，凑够几天去外地看男友。

就连装病，也是被逼到没办法，连校内网流传的快速发烧法，雨也试过。"这法子你也真试，别把自己真搞病了。你就说你病了，他还能检查么？"我有些担心雨。"必须试啊，他真会查！老头子会凑近看我有没有生病症状！"雨又向我展示了布老板奇葩的一面。

雨凌晨三点的飞机回来，开车回到家，睡上几个小时就要匆匆赶去学校向老头子报道，否则几天不出现，太可疑了。被发现了，以后不好逃。惹怒了，毕业又遥遥无期了。

可即使没有惹怒，雨的毕业，依然虚无缥缈。还记得刚认识她的时候，她说再过几个月就快毕业了，我们还商量着毕业后续租房子的事情，那是两年前的事情了。

去年，雨说年底一定要毕业，导师已经答应了，再不毕业自己就要疯掉了。可老板拖拉和说话不算话的功力，也着实让雨担心。已经安排好的毕业答辩，老板一不高兴，就能取消。

我们还一起想过怎样促使布老板不再拖她毕业的事。"要不装忧郁症吧。就说你现在不毕业，离男友远，整个人精神状态都不好，平时你也表现得离奇一点，虚弱一点。或许他害怕你真因为毕业出事，就不再拖你了。"这是我给雨出的主意，我是真心的，因为和她的朝夕相处让我明白，她缺的不是正能量，即使她再努力，再充满希望，她缺的，仍然是对付一个人的办法。"好的，不行我到时候就试试。"雨苦笑着答应了。

快年底时，我离开了和雨相遇的城市，留下唯一的祝愿：希望你如愿早日毕业，一定要！ 可是感恩节发信给她，收回来的仍然是不知该怎么办的回应。我想，虽是关心，以后还是少提及她毕业的事情吧，我既然帮不了忙，不要给她添堵才好。

雨回信了："我前段时间疯狂地做东西搞科研，都累倒了，上次直接昏倒在布老板办公室了。""啊！你一定一定要注意身体啊。现在又没人在身边，你累倒了要怎么办！身体最重要，即使为了科研也不值当啊。何况你现在根本不是不够努力的问题。不过这样一来布老板不会逼太紧了吧，赶紧好好休息一段时间。去你男友那边度假吧，正好快圣诞了，好好玩玩。"我回道。"是的，我这次去要待到一月几号才回来。"雨也决定暂时不想这些事情了，给自己放假。

● **坚持着，总能到达出口的**

有人会说，为什么一定要在国外拿个博士呢？苦熬有意义么？看到雨的故事，一定更会这样说。我理解，这样讲，也不无道理。可我更理解，这是一种选择，每个人的选择不同而已。

在我好奇雨为什么这么坚决要一条路走到底的时候，在我真的没办法再为她想办法，劝她宽心看淡点，甚至有时劝她放弃的时候，我退了一万步，还是理解她，理解她熬过一个个实验，熬过其他人的离开，熬过家人甚至男友家人关于她怎么还不毕业的询问，还在坚持着的事实。

幸好，我认识的雨，是个乐观又会享乐的姑娘。她偷着出去玩，加上最初几年比较轻松的时间，却也玩遍了大半个美国，逛过了欧洲。想要回国，编个借口说是回去订婚，回来后还特意找了个戒指戴着骗骗布老板。虽然对于老板无厘头的行径感到无语，却也只能自嘲他挖掘笑点。借着聊八卦的间隙鼓动老板答应她出去开学术会议，也借机去了加拿大看姑姑，去了其他城市小逛。

本该早早就能毕业的她，被拖到了今日，但读博士的期间，她的确积累和练就了各方面的能力，为人处事、管理团队和交流能力，已不再是初来时闲散度日的她。她自己也认为，博士不是白读的，现在她能做很多硕士做不到的事情。这岁月的折磨，虽让人无语，却也是有收获的。

比预计毕业时间晚了两年，雨终于熬到了布老板放人的那天。现在的她找到了自己喜欢的工作，人品守恒地遇到了好老板，每天忙碌又上进地生活，充满成就感。见证了这一路的故事，我间接感受了无奈的坚持和忍耐，尽头总会有阳光。人最终都会过上自己真心想要的生活，我为雨开心。

📖 小贴士

　　博士导师的重要性不言而喻。这个选择决定着接下来4~5年间的学业成就和生活幸福感，请谨慎选择。遭遇不公正对待，可以在早期考虑转学或换导师，及时止损。

NO.02
读书能改变命运吗：我是农民的儿子

　　每个留学生背后都有自己的故事。我敬佩每一个努力在任何土壤里打拼的个体，但不得不额外敬佩那些因为家庭、出身受限不少，却同样甚至更加优秀的人们。他们甚至不是来自于普通的工薪家庭，他们上有老人下有弟妹，他们在地球一端一个月看10本专业书的时候，他们的家人，在另一端汗洒田地。

　　是的，这个世界上的职业没有高低贵贱，也不能因为家庭的经济条件而给任何人分阶级。你的精神，可以独立于任何东西而高贵。而你的实际，却不得不迁就物质条件而委曲求全。你的梦想，和客观条件没有半毛钱关系。而你追梦的路，却因为这些条件更加艰难。所以，你能走到今天，在你的平辈人中，我更加钦佩你、欣赏你，也因为此，每次讲这个故事，心里就有无限的感动。

● 农民家庭出身，一个最普通的留学生成长史

　　让我有幸来说说木同学的故事。是的，你已经猜到了。他出身于一个普通的农民家庭，是否贫困我就无从得知了，但显然，他来

美国留学，家里是不会也不能出一分钱的。相反，也许他每月发了工资，还会不时给家里补给。

木同学是来到美国的一所普通大学读博士的，这条路，他走了五年。

来美国后，他就一直和其他人合租住大房子，因为一般两人合租的公寓，总没有很多人一起租大房子便宜，能省一点，算一点吧。

美国这地方出行太不方便了，没有车就和没有腿一样。大多数留学生刚出国攒点钱都会买辆二手车开，这样上学、买菜都会方便许多。木同学刚来没有买车，这能猜到，可出乎意料的是，他待在这儿五年都没有买车。这已经不是方便出行的问题了，他该有多强大的适应力，才能靠着步行和美国小城市奄奄一息的公交系统，走无数遍从家到学校、到超市的路。

天下没有免费的午餐，这话是相对的吧。这所城市，一年还是能碰见好几顿的。学校组织个活动、国际学生的节日、橄榄球赛庆祝，诸多场合，都有免费食物享用。这，是木同学的最爱。不用自己做饭、不用自己花钱，这么简单就能喂饱肚子，免费的谁不喜欢？可还是有人，提起木同学的这点，会露出他们即使加了掩饰却还赤裸裸的不屑。别人的看法，以木同学的个性，自然不会在意。

木同学厨艺一流，他总自夸自己从家带来的那把刀，可以轻松剁排骨，完胜其他人的所有利器。他爱吃肉，科研之外，平时自己做个排骨炖个肉，日子过得不亦乐乎。

直到有一天，他恋爱了。

在别人看来，这个不知道何时情窦初开的木愣男孩，就这样坠入爱河，默默地开始单恋了。从单恋到暗示性地表白，没用多久，木同学就被冷酷拒绝了。能突破重重困难出国念书的有志男儿，却在情关面前，如此不堪一击。

是的，你想不到，我也想不到。被拒之后，木同学的博士之路，居然遭遇了一次大颠簸。

这失恋的迹象，太明显地反映在他的学业上了，甚至连导师都察觉了。于是，导师找他谈了几次话，不是问他科研为何没有进展，而是侧面帮着排解他失恋的情绪。幸好有了这排解，隔着若干代沟的谈话，奇迹般地将木同学解救出了失恋的深渊。从此以后，没见他和恋爱这字沾过边，一心学习、做科研，别人九点去办公室，晚上六七点回家。他八点去，晚上11点多回家。同样是读博士的五年，他出的成果，也和花的时间成了正比。

当初木同学的女神，后来嫁给了一个印度人。没有人听说过她有男友，就在她毕业后，很快宣布结婚了。没过多久，在脸书（Facebook）上看到她晒了老公出差前自己亲自做的美味蓝莓蛋糕，和老公出差回来送的若干克拉的黄金耳环。听了这消息，木同学就淡淡八卦了一句："你知道吗，她嫁给了个印度人。"

木同学毕业了，正式升级为木博士。不想在读博士的实验室当博后，就自己打定主意换了个更好的学校当博士后。

他走了，留下一堆锅碗瓢盆，托朋友过段时间寄给他。

● 回归祖国，他成了学术塔尖的精英教授

他走后的一个晚上，大家齐聚欢送另一位他的同窗。当晚的餐桌上有排骨，于是大家提到了木博士的那把刀。他的同窗，就顺便说了句："他呀，就是喜欢吃免费的，哪里有就往哪里跑。"接着，就呵呵笑了。他并不知道，他回国苦苦挣扎才到手的教职，这个喜欢吃免费的木博士，轻而易举地，就成了他的上级，把他远远甩在后面。

接着传来的，是木博士拿到绿卡的消息。美国的绿卡日渐难申，木博士走的是依靠科研贡献申请杰出人才绿卡的路线。许多人花高额费用请律师申请绿卡，他把所有的活都自己干了，几百页的申请材料，自己码齐了。这是我第一次听说，绿卡原来可以不依靠律师自己申请。

再听到木的消息，是他去一所美国顶级大学做博士后了。 再见面，就是他回国前夕了。他跟我们说要公费回国做报告，陪着他去买了西装。临走前，木还特意把自己在美国用过的一台台式电脑封装好，说要顺便带回国给弟妹用。

2014年，木博士毕业三年了。刚回国去几个高校做了科研报告，面试了国内引进人才的"千人计划"，不久就收到结果了。"你的面试太精彩了，可以看出你一定下了不少功夫，这样精妙地展示了你的科研之路，真是难能可贵！"没有意外，木博士入选了。他有美国的绿卡，有回国的任教的自由，今天的他有太多选择了。有人为房子车子奔波的时候，他赢得的这个名额，让他拥有了一切，等他入住的房子、高额的年薪保障、巨额的科研经费。

读书能改变命运吗？读书，需要平静的心态和内心孜孜不倦的追求；读书是奢侈品，但读书这种奢侈，和物质压力无关，是许多有梦想却口袋空空的人，可以欣然享受和追求的。

是的，不是每个努力过的人，都能像木博士一样最终赢得众人眼中的成功。但你的命运，的确是自己创造的。

木博士为数不多的一位朋友告诉我：每次路过木博士以前在这个小城住过的狭小卧室时，内心总有种神圣的感觉。他亲眼见证了木博士在这个美国小城奋斗的点点滴滴，见证了他因为个性原因没有融入群体的孤独，见证了他在孤独中的奋斗和适应，把一切总结为神圣两个字。

我猜想，这神圣，是一个人日积月累，冲破各种可能的阻碍之后，默默爆发的梦想。

NO.03

八年磨一剑

毅是当年所在城市的高考榜眼，本科毕业于中国一所顶级学府的物理系，很神奇地来到美国一所并不知名的公立大学读博士。他热爱自己的学科，又勤奋努力，天资和激情再加行动力，不出成绩才是意外。

● 博士答辩，是最精彩的总结

写下这个故事时，正是参加完毅博士答辩的周末。上周三是毅来到这座美国小城读书八年时间里最重要的日子：他的博士毕业答辩。当天，我们一群朋友提前跑去他们物理系所在的校区，赶在答辩开始之前和毅聊两句。到了博士领域，更是隔行如隔山，物理系的科研理论相较其他更艰深晦涩，我们做好了听不懂大多数内容的准备，只是坚定地肉身出席在现场，以表我们无懈可击的支持。

答辩的会议室已经算很大了，摆满一圈桌椅能容纳20多人。我们算到得早的，可发现中间的椅子已经基本坐满了，便靠着墙自己摆了椅子坐在后面。接着更多的人陆陆续续进来，有物理系的学生、教授还有毅在外系的朋友。答辩开始前，屋子里唯有的40多张椅子已经全部用完了。有答辩委员会教授提议："人是不是坐不下？要不我们换个更大的会议室？这样可能要晚点开始，但也没关系。"最后进来的一位美国女孩说："没关系的，我从外面找了张椅子。"另外一位教授也玩笑式地回了句："没事啊，我们现在只要锁好门，别再让其他人进来就行了。"毅的导师许也顾虑临时换场地会带来的干扰，环顾了下这间挤满40多人的会议室，总结了句："我觉得在这里没问题的，我们就准备开始吧。"

答辩开始，毅的导师介绍自己的学生时提到："这是我的第一个博士毕业生，他定了一个很高的标准。如果今天答辩一切顺利，他夏天毕业后下一站会去德国一个世界闻名的研究中心继续他在这个领域的研究工作。"朴实的语言出自这位在量子计算领域初出茅庐的优秀教授，作为导师，这是他能给出的最高评价。

毅的答辩幻灯片第一张，赫然摆出了他来这个组三年发表的三篇论文，都发表在物理届的顶级期刊。博士毕业生不少，但能在这么短时间内做出这么有含金量的研究成果的，绝对只是凤毛麟角的一小撮人。尤其在毅所在的物理系，因为理论突破不易实现，所以出论文比其他实验学科慢，这三篇论文的含金量因此更加凸显了。

轮到毅开始报告，和我见过的大多数毕业生不同，他没有直接进入科研正题，而是先致谢。毅说："想特别感谢他之前的导师A教授，支持了他刚来学校四年多的研究。还有他的现任导师B教授，来他组里三年半，从中获益颇多。"

这句话落在耳中，我意识到毅来这个小城已经八年了。虽然物理系对博士生要求格外严格，正常的期限都是最少五年。然而毅本就天资过人，他加入B教授的研究组只有三年多就达到博士毕业要求，尽管如此，他还是在这里待了八年，大概是物理系待得最久的"老人"了。

● 找到了梦想，从头开始又有何妨

当我们把8年这个数字放在别人身上，它似乎就是一个表达年限较长的数字而已。然而，数字背后的意义，才值得细思。8年，是这个叫毅的青年，从23岁大学毕业，到如今31岁的成熟年龄。每个经历过这样阶段的人，大概都会对它印象深刻吧。许多人用这个成长关键期为理想奋斗，许多人在这个时期放弃梦想而妥协于生活，许多人内心蠢蠢欲动却依然平淡无奇地度过，许多人在成家立业的压力下脚步愈发沉重。

对毅而言，外在的时间就像静止了一般。大家开玩笑称他"小城第一帅"，当然他是当得起这个名号的。而且因为毅喜欢运动健身，个性又阳光开朗，大家都说他31岁的人看上去就像23岁一样。

只是，透过皮囊，我想他身上的其他品质，才让这时间看似静止。8年里，他除了偶尔谈谈恋爱（帅哥身边不缺恋情），大多数时间都在专心学习、做科研。他跟着A教授四年多，一直不喜欢自己的研究方向。其实以毅的资质，再委曲求全一半年，毕业是完全没有问题的。然而，他宁愿不拿学位离开也不想降低标准毕业。就在这样一个关头，他偶然去听了新来的B教授的报告，醍醐灌顶般发现科研竟可以这样做！激情，突然燃烧起来了。找到了自己真正热爱的研究方向，很果断地，他选择了换组，重新开始。

有多少人尝试过，博士临近毕业，放弃一切从0开始的经历呢？这需要魄力和自信，更需要对自己所从事工作的强烈热爱做后盾，因为以大多数人信奉的及时止损的价值观衡量，毅这样做，弊端很多：时间上的浪费，未来的不确定性，在不小的年纪开始读博士的风险等等。然而，毅更看重自己内心的真实追求，撇开外在标准，对一个真正热爱科学研究的人，找到自己所爱的方向，其实是件幸福的事情。未来的路，虽然不确定，却是在这个时候才真正亮了起来。

我见过不少读博士的学生，非常关心自己的读博年限，听到别人读久了点，大多心里都会对此打上疑问，认为不是什么好事情。然而每个人博士毕业，达到的高度千差万别。有人只是满足了基本要求，有人一毕业就能独立做课题，有的人从此就只能停留在基础研究员的平台，有的人积累几年经验就直接跳槽升级教授了。有那么稀少的一部分人，他们不那么在乎自己读多久，而放更多的重心在自己能达到的高度上。每一段迂回辗转的路，只要能达成自己想要的成长，即使人迹稀少，他们仍然满怀信心地走。翼就是这个队伍中的一员。

　　我们中国的传统家庭，到了孩子二十七、八岁的年纪，更多的家长在关注孩子什么时候成家，什么时候孩子的工作能定下来等，不少青年身上免不了这些压力。所以在这个年纪重新求学，多少是会顶着些压力的。

　　毅经常和父母交流，我想他们一定开明智慧，所以会支持儿子这样的决定，更增他的信心。有这样的家庭环境，毅是个幸福的孩子。或许还因为毅是男性，传统观念里年龄给他的压力更少。总之，这样重新开始的心态，是件并非人人都拥有的奢侈品。

　　从23到31岁，毅还是风雨无阻地每周和朋友一起踢足球，每次还是一样地奋不顾身，据说他是大伤小伤在球队受伤最多的。大家都开玩笑，现在过了30岁也算上年纪了，应该悠着点，怎么还那么拼？我想，他身上的这股劲，从他的学业，到踢球这样的爱好，都是相似的吧。

　　在毅答辩前的两个月，他因为头球被别人击中太阳穴，大半个脸都肿起来了。幸好在他参加学术会议前伤已经恢复了许多，否则去听他做报告的人估计心里满是问号，因为对于做科研的教授、学生等，文人受这样的武伤实在太稀奇了。而毅就是这样奋不顾身地对待每一次进球机会，就如他义无反顾地为自己的学业八年磨一剑一般。

　　毅的答辩结束了。听众提问环节异常热闹，除了学生提问，还有教授参与，有些问题还需要他在黑板上演示和解释。这是我在这所学校见过的参与人数最多的博士答辩（大多数博士答辩只有不到10人参加），直接反映了毅的受欢迎程度以及大家对他学术成就的尊重。

我们和毅在门口等待答辩委员会商议的时候，委员会之外的成员陆续走出会议室，一一和毅握手，恭喜之外，一致称赞他的工作超赞。系主任路过，和毅打招呼，开玩笑说："看你的委员会现在都在吃东西，你答辩肯定能过的，放心吧。要是他们现在在吐，你就该担心了。"然后又郑重地和毅握手，跟他说自己了解毅现在的心情，让他放心肯定没问题。

回去的路上，bmp跟我开玩笑："你知道吗，这些听众里的学生，估计毅给每个人都当过助教。"这边的研究生大都会做几个学期的助教，负责给学生答疑、带实验课、改作业和临时授课。想想也是，毅在这里八年，结识的人自然更多，他在这里留下的痕迹，也比其他大多数人都深。

35 岁以后，她成了美术系本科生

● 在故乡，她曾无依无靠

第一次见姗姗，是在一位学生朋友的婚礼上。那实在是很容易让人注意到的一家人，爸爸是美国人，高大稳重，姗姗是中国妈妈，装扮时尚，混血儿宝宝天真可爱，吸引了不少宾客的注意。后来，新娘很自豪地告诉我："那是我的化妆师，她在国内是专业做这行的，给明星化妆呢！"我自己对化妆并不热衷，所以没有被朋友的热情感染。婚礼上的短暂一见，我以为，姗姗只是和许多如她一样因为爱情和婚姻选择来到美国的女性有着类似的轨迹。

直到我们再次遇见，才打开深交模式，我慢慢了解了姗姗背后的故事。在学校泳池更衣室，姗姗突然跑来问我："Are you Chinese?"我回答她之后，她开始很亲切地和我讲各种事情，从她如何从麦当劳打工的经历练就大胆和别人对话，到她觉得学校美院的课程如何好。我才知道，原来姗姗是我们学校美术学院的本科生。

姗姗是虔诚的基督徒，来美国之前，在国内演艺圈工作，给明星当化妆师。她的原生家庭刚冷生硬，自母亲去世后，只有十岁的她，便没能从家得到过一丝温暖。慢慢地，没有人给她交学费，亲戚们嫌弃和冷漠她，爸爸再婚后更是对女儿不闻不问。她说自己内心经历了很大的斗争，才敢在教堂讲出这些在她心里埋藏恨意的过往做见证，她祈祷着，能在上帝的殿堂里走出往事带给她的痛苦。

姗姗十多岁的时候，跟随亲戚去了大城市打工。就这样在外面闯了许多年，她学会了化妆的手艺，进入了光鲜亮丽的演艺圈。姗姗说，那个圈子的影响，让从小没有安全感的她更加变本加厉地被金钱俘虏，她买房子给自己一个家，她用自己赚的钱买许多曾经想也没想过的奢侈品，她用钱经营和亲戚们错失的联系，而一切，始终仍让她感觉那么空虚。直到她成为基督徒，再后来认识了来中国出差的老公，她的轨迹开始慢慢改变。

某天早晨醒来，姗姗说她突然感觉到自己想做一个画家，这感觉日渐强烈，才带领姗姗来到现在的生活。35岁的年纪，她跟着老公来到美国这个陌生的国家。

● 为了成为画家，申请美国大学本科

因为十多岁便离家打工，姗姗只读到小学毕业。来到美国后，老公建议她选个美术专业较好的本科学校，以此慢慢打开画家的职业道路。除了会些不复杂的英文口语之外，姗姗接受的书本教育还

停留在20年前小学毕业的阶段。她有恐惧和挫败感，但踏着这感觉，她开始读美国的成人高中。有了高中成绩，她才可能申请得到大学本科读书的机会。姗姗一再告诉我："那段时间过得好艰难，我觉得如果我不是基督徒，那些考试我肯定过不了。"虽然美国的高中不似中国要面临高考那般紧张，但让一个小学毕业的中国学生来学习这么些课程，所有内容都是外文，还要通过考试的关卡，其中困难只有她自己知道。她将一路大小磨难带来的成长都归于上帝赐予的恩典，而她，是上帝引领着走过这崎岖山路的虔诚信徒。

通过高中相关考试后，姗姗终于申请到了当地一所小型大学的入学机会，正式升级为一名美院的本科生。这时，她正当36岁。因为她在国内就有一定绘画基础，也积累了自己的作品库，所以当她主动交流将这些告诉院里的一位教授后，无心之举，竟然带来了可以转学去当地最好的一所大学的机会。这改变带来的喜悦，更是让姗姗爱上了大学，爱上了现在的生活。

姗姗高中毕业后有了宝宝，大龄妈妈本被告知因为背部有损伤可能无法怀孕，但上帝给了姗姗一个可爱的宝宝。怀孕和生产后，自然没有家人能来帮忙照顾，老公也不会做中餐，爱美食的姗姗只能自己买菜做饭，这样也撑过了平常家庭中一家人出动还会手忙脚乱的日子。好在，姗姗的老公在带宝宝方面提供了不少支持，因为他自己做生意，平时见客户和在家工作时都能全权照顾宝宝。所以，生产后不久，姗姗就可以重回自己的学业了。

● 边读书边打工，感恩忙碌成长的大学生活

自此，她开启了一边打工一边上学的模式。老公负责平时家里的开销，但他的工资也不算高，学费肯定是负担不了。过来美国几年，姗姗在中国时候的积蓄也花得差不多了。这个时候，她开始去麦当劳做小时工，再用打工赚来的收入交学费。自然，因为时间限制，她每学期只能修1-2两门专业课，否则学费太高，且打工后时间所剩也不够修更多课程。因为姗姗在美国的身份跟着老公，她的学费标准是按州内居民算，是所有类型里面最低的，基本上一个学分一百多美金的样子，所以她靠着最低工资的小时工（一小时八美金多一点），才可以交得起学费。

虽然平常大学生去麦当劳打工是再正常不过的事情，但姗姗敏感的自尊还在潜意识地有些排斥这样的工作，毕竟在麦当劳可能碰到各种各样的人。姗姗总是提起一位客人，她觉得那个人有严重的种族歧视，不停地对她的服务挑刺，后来她跑到后厨哭了半个多小时才平静下来。

也许，从明星化妆师到麦当劳可以被人随时召唤的小时工，工作虽不分等级，于姗姗的内心，这种转变还是来得太大吧。所以她会在被客人不公对待后更感到委屈，会在有华人客人随意感叹一句"你们留学生真不容易"后敏感地觉得心里不舒服，会努力地想找新工作以离开麦当劳。但姗姗依然感激麦当劳打工的经历，她说自

己在那里口语有了很大提升，学会了和各种人打交道，工资也从最低标准慢慢提升了。姗姗说上帝也许要她学会谦卑，才注定要安排她去麦当劳经历这一切。后来，姗姗去了购物商场一家卖百货的店里兼职，慢慢可以灵活应对各种顾客，努力推荐店里的积分卡，她成了店里业绩最好的员工，还会在工资以外收到奖金。

与此同时，她用打工剩下的时间上课、做作业、练习绘画。绘画是一门需要大量练习才能提高的技艺，姗姗因而总觉得时间不够用，一星期打工三天上学三天，她内心最渴望的就是成为像我们一样的全职学生，能够专心在学习上，而不用出于交学费的无奈去打工。然而，姗姗仍对现在的生活充满感恩，她为自己是一名美院的大学生而开心，她享受着每门专业课带给她的指导和成长。她深知上学机会的难得，所以愈加珍惜因此而来的一切资源。

● 疯狂学习，小学生也能完胜大学课程

姗姗只在国内读完小学，来美国后读成人高中，所以基础并不扎实。上大学两年多，姗姗迟迟不敢选美术专业必选的基础文化课，怕会听不懂学不懂，怕会拿C无法继续学业。我一直鼓励姗姗，美国大学的基础课，只要你肯花时间肯花精力钻研，肯定不会拿C，甚至足够努力便有极大可能得到最好的A。我想我并不能完全理解姗姗的恐慌和顾虑，虽然她一再强调自己只读过小学。但我们这些小学、中学、大学、研究生一路读书过来的孩子，恐怕早已

忘记了读完小学的我们曾是怎样的知识状态。

但在身边朋友的鼓励下，姗姗终于决定尝试面对公共课，因为这是本科毕业的必经之路。她选的第一门公共课是大学数学101，这门课相对来说对语言的要求不高，用数学公式做题和写英文文章相比，姗姗觉得前者的难度会小些。并且通过这门文化课的学习，她的英语也会随之进步，接下来再选语言相关的基础课便有了更高的起点。

决定春季学期选数学101后，姗姗早早去书店买好了课本，寒假便提前开始预习。她自己每天抽时间学习，有不懂的问题找认识的朋友请教，确立目标要在开学前把整本书预习完。美国的寒假太短，姗姗的预习又做得事无巨细，学完内容一并做课后练习题，虽然最终没能预习完整本书，但重要的章节已经大致搞定。这样的姗姗，面对接下来的正式课程，终于有了底气和信心。

从开学第一天开始，平时习惯了晚起的姗姗，因为要上数学课每天七点起床成了新的习惯，每次上课坐到第一排的位置，有不懂的问题随时举手提问或者课后问教授。其实姗姗早在上课前就给教授发过好几次邮件，确认自己买对了教材。上课的时候她也常常有问题，起初还担心教授会烦，但后来发现教授非常喜欢经常提问的学生。他对姗姗说："你问的问题，其他学生可能也不知道。你这样的提问是对我教学的反馈，也能帮助到其他学生，我很欢喜。"

　　姗姗对教授充满感恩，觉得这一切事情中都有上帝的祝福，她因此更能保持积极的学习态度。在上课的过程中，姗姗也在不断地总结学习方法，比如她发现上课不应该忙着记笔记，会错过教授的思路，更应该集中精力跟随听课，练习课和实践课，她也不放过每个机会，充足的练习帮助她加深理解。

　　那个学期，姗姗每周会花三天时间在图书馆学数学，整理笔记、做练习、跟着网上系统做课程辅导等，直到她说学数学学到想吐，或者到了她安排出的绘画创作时间，才会回家。偶尔去图书馆找她，看到她粉色文件夹里手抄总结的那一行行数学概念，看到她课本被贴得花花绿绿的各种重点标签，我似乎回到了学习最紧张的高中年代。那样疯狂认真的学习状态，高中之后，很多学生都丢掉了。在近40岁的姗姗身上，我又看到了疯狂学习的美德。

　　这期间，尽管如此努力，她也遇到过阻力。有次练习课上，一个助教觉得姗姗问题太多，不愿意多教几次，便拒绝回答姗姗的提问，还过分地告诉其他助教也不要帮姗姗。这让她想起了在麦当劳遭遇歧视的经历，着急着这堂课的成绩要泡汤，姗姗又急又委屈地边哭边做，依然没有助教帮她。最后教授来了，看到姗姗的状态被吓了一跳，耐心地帮助过姗姗后，还问及前后发生的事宜。助教的做法自然是不符合规则的，想来教授后来找助教谈过话，从此以后姗姗再没遇到类似的情形。

　　期末考试结束时，姗姗终于保持了每次考试都是A的记录，所以最终的成绩，姗姗拿到了 A ＋。教授特意发来邮件，告知她这门课没有人拿过 A＋，但因为姗姗的总分已经超过 A 的范围，教授特意向系里申请，给了姗姗最高的 A ＋。这个起初让她忧心忡忡的基础课，在最终收获的时候带给她巨大的喜悦。虔心信仰上帝的姗姗，用一句哈利路亚来赞美这一切祝福。

40 岁生日那天，姗姗发了微信状态总结自己走过的人生："0~13 岁在湖南质朴的乡村生活；13~25 岁流浪和走南闯北的漂泊生涯，辗转了几个省几个城市；25~31 岁在广州奋斗中较为稳定的生活；31~33 岁迷茫的香港生活；33~40 岁，成为基督徒后的生活，婚姻和美术都是上帝的恩赐和祝福。"35 岁后来美国重新开始学习的经历，彻底改变了她以往并不寻常的人生轨迹。